跟任何人都合得来

THE ASSHOLE SURVIVAL GUIDE

〔美〕罗伯特·萨顿 著
(Robert I. Sutton)

韩甜 译

:)

中国友谊出版公司

图书在版编目（CIP）数据

跟任何人都合得来 / (美) 罗伯特·萨顿著；韩甜译. —— 北京：中国友谊出版公司, 2018.8

书名原文：The Asshole Survival Guide:How to Deal with People Who Treat You Like Dirt

ISBN 978-7-5057-4467-7

Ⅰ.①跟… Ⅱ.①罗… ②韩… Ⅲ.①心理交往－通俗读物 Ⅳ.①C912.11-49

中国版本图书馆CIP数据核字(2018)第176839号

著作权合同登记号 图字：01-2018-5843

书名	跟任何人都合得来
作者	[美]罗伯特·萨顿
译者	韩 甜
出版	中国友谊出版公司
发行	中国友谊出版公司
经销	北京时代华语国际传媒股份有限公司　010-83670231
印刷	北京富达印务有限公司
规格	880×1230 毫米　32 开
	6.5 印张　150 千字
版次	2018 年 8 月第 1 版
印次	2018 年 8 月第 1 次印刷
书号	ISBN 978-7-5057-4467-7
定价	45.00 元
地址	北京市朝阳区西坝河南里 17-1 号楼
邮编	100028
电话	（010）64668676

你的故事和想法

亲爱的读者：

　　正如您在这本书中看到的一样，我从那些向我提供故事和建议的人那里学到了很多很多。如果你拥有摆脱、忍受或者击败那些令你不爽的职场狂人的经验，请发邮件到 nomorejerks@gmail.com。我会阅读每一封电子邮件，亲自回复每一封信。请注意，把你的故事发送给我，意味着你已经允许我在我的作品和演讲中用到它们。但我保证不使用你的姓名，除非你明确允许我这样做。

　　谢谢。希望能从你那里得到启迪。

罗伯特·萨顿

斯坦福大学

目录

一、8000 封电邮　　**/ 001**

疲惫的职场人际关系消耗你的职场能量

二、6 个诊断问题　　**/ 015**

评估、确认你的职场环境：你是否身处险境？

三、10 大自我欺骗的谎言　　**/ 039**

遇见并避开混乱：你的职场人际问题到底出在哪里？

四、9 项职场互动策略　　**/ 071**

打造职场安全区：如何正确互动并合理利用他人

五、9 项心理战术　　**/ 102**

"职场伤员"的"心理自救"：当你遭遇挫折又逃无可逃时，你可以怎么做？

六、7 个容易失败和适得其反的反击技巧　　**/ 131**

遭遇职场不公时，如何正确面对愤怒、评估筹码，提升反击的成功率

七、7 个角色转换策略　　**/ 170**

成为解决方案，而不是问题：用未来的角度审视当下能帮你找到正确答案

致谢　　**/ 199**

一、8000 封电邮

我写这本书是为了回答一个我已经被问过无数次的问题，其表现形式有不同，但本质一直不变："我们公司有一群坏家伙！帮帮我！我应该怎么办？"看看从我每天关于恶棍的邮件中挑出的几个例子。

这来自一位医生，他在一个"极度不正常"的医院与"你能想象的最迟钝的团队领导"共事：

"一个小喽啰能做什么？我可以低下我的头，尽我所能照顾我的病人，试图忽略这些事情，但在这样的环境中工作真是令人沮丧。"

一位伊利诺斯州的路德教会牧师这样写道：

"我们教堂的许多工作都是由义工完成的，但他们有时候会伤害其他义工的感情。对这些志愿贡献自己的时间却又有点卑鄙的人，你有什么看法吗？"

一位退休的德国制造业经理问道：

"在我的职业生涯中，我已经至少三次被这类人解雇了。

我能给我儿子什么建议？我不想他也被同样的命运折磨。"

一位硅谷首席执行官写道：

"太多的创业公司和风险资本家都缺乏业务经验，只会坐在董事会上夸夸其谈。你研究过这些糟糕的董事会吗，有些你真的可以称之为'垃圾会'。"

来自华盛顿的图书管理员：

"我简直快被逼疯了。求助！"

每天都有人问我这个问题，只是问法不同，通过电子邮件，也通过推特、领英和脸书发问。学生、同事、客户、朋友、敌人和亲戚们在各种碰头时间，包括上课、教师会议、婚礼和葬礼上。

每周都有陌生人给我的斯坦福大学的办公室打电话。这其中有柯思科和沃尔格林连锁药店的收银员，有克利夫兰诊所和斯坦福医院的医生和护士，包括法国航空和联合航空的航班乘客，旧金山和爱达荷的建筑工，迪拜和旧金山的优步司机，纽约城的地铁乘客和旧金山的有轨电车乘客，阿富汗的美国陆战队员，得克萨斯的监狱看守，几位天主教牧师，一位犹太教士（还有一位教士夫人），大约 50 名律师，至少有一打 CEO。最近几个月，我又收到了不少故事，它们来自纽约的一位外科医生、一所规模较小的文科大学的学生处长、一名美国陆军心理学家、一群法国大学生（通过 Skype）、斯坦福大学警察萨金特、我的理发师伍迪，甚至我的母亲。

他们不停地问，这并不神秘。这一切都是从我2007年写《不做坏家伙法则》后开始的（几年前为《哈佛商业评论》所写的相关文章）。我以为这种讨论只是一个短暂的旅行，在一年左右的时间之内我会回到我那关于领导、创新和组织变革的工作中去。我错了。它触动了一条神经。我花了几年的时间来接受这一点——不管我在生活中或其他方面写了什么，或我的其他作品怎样影响到我的生活——我给人的第一印象和最重要的印象，将永远是"那个专门写书说坏家伙的家伙"。美国和其他几十个国家的大约80万读者买了这本《坏家伙止步法则》（*No Asshole Rule*）——远远超过我其他书籍的销量。源源不断的电子邮件、社交媒体、传统的采访请求，令人不安的、奇怪的或滑稽的谈话已经成为我生活的一部分，我期待，（通常）也享受这样的生活，并试着带着同情和乐观心态处理好这一切。

许多读者被《坏家伙止步法则》所吸引，因为他们在职场坏家伙眼中，感觉自己就像尘土一般。他们在寻求解脱。然而，那本书的主要焦点在于如何建设文明的职场，而不是帮你解决麻烦，而本书则是致力于一些有用的策略和技巧，来帮你把麻烦解决，甚至把麻烦人物踢出场。

这些年里我开发了这些策略与技巧。不管我在过去的10

年里"应该"做什么，我都花一两个小时思考、阅读、交谈和写作，主题都是关于坏家伙们及其解毒剂，有时也会观察粗鲁和满口脏话的人的生活。结果就是这本书，它针对那些让别人感到压抑、被贬低、被藐视或泄气的人提出了我能想到的最好的处理办法。我专注于职场领域。但这里学到的一切也适用于那些在非营利组织和学校的志愿者中需要面对的问题；适用于在公共场所如地铁、机场、商场和体育场馆的粗鲁行为。

这里提到的策略和技巧均是脱胎于针对粗鲁和缺乏敬意的人们的学术研究——近年来形势愈演愈烈，近乎疯狂。谷歌学术是一个专门搜索学术书籍和文章的搜索引擎。它已经成为学者们用来寻找严谨理论与研究的黄金标准。在谷歌学术上搜索 2008 年到 2016 年间的"粗暴的上司"，能找到 2016 个结果，4270 篇学术文章和书籍。搜索"顾客的谩骂"有 241 个结果；搜索"粗鲁"有 15400 个结果；搜索"非礼"有 13100 个结果；搜索"欺负"有 99400 个结果；搜索"职场暴力"有 9910 个结果；搜索"围攻"有 16700 个结果；搜索"路怒"有 5530 个结果；搜索"空怒"有 317 个结果；搜索"电话怒"有 76 个结果；搜索"言语侵略"有 15500 个结果；搜索"微侵略"有 1660 个结果。但我们并不是为了研究这类问题，而是为了寻求解决方案。

因此，这本书应运而生。它借鉴了世界和万维网的不同角落——从《纽约时报》到大卫·肯德里克关于网络行为的优秀文章《坏家伙是怎么来的？》。我也从我的观察和第一手访问资料中总结经验教训——包括在各种组织中担任顾问和演讲者的工作，如亚马逊、沃尔玛、盖洛普、谷歌、路易威登、知识就是力量计划（KIPP）相关学校、麦肯锡、微软、克利夫兰诊所、皮克斯、SAP、推特和斯坦福大学一项培养国家橄榄球联盟执行官计划，至少50次面谈（以及非正式的讨论），其对象包括社会工作者、菲尔兹咖啡的咖啡师、斯坦福大学医院的护士、迪士尼高管、人力资源主管，特别是在网飞公司（Netflix）任职10年的帕蒂·麦克德和多伦多大学的凯蒂·德塞勒斯教授——他主要致力于研究空怒症的原因，监狱看守如何对待囚犯，以及篮球教练员对球员乱发脾气的影响。

　　这本书也得益于所有那些发给我的关于职场坏家伙的电子邮件。我努力保存通讯记录中的每一点滴——在我那相当杂乱无章的文件系统里，有三个邮件文件夹，还有差不多60个子目录（比方说"老板""下属""英国人""客户""公司""旁观者""公共生活""听起来很疯狂""意大利""网上的坏家伙""反击""滚蛋""错误的斗争方式""成功故事"等）。我保留了大约8000封这样的邮件，绝大多数都包含了本书要解决的问题的某些内容。许多讲述者也把他们尝试过的生存方法（成功的或不成功的）告诉我。本书中还有我写给他们的约1500个回复，其中包括了鼓励、建议和后续问题。

是什么令你承受损失

2010 年，我和一位年轻的 CEO 谈过，他担心自己不够像史蒂夫·乔布斯那样强势，这会令他的事业和刚刚起步的创业公司受到影响，因为他很冷静，对人们保持敬意。这些年来我遇到过很多这样的谈话。就像我对待这位 CEO 一样，我总是把原因归于那些相信"坏家伙总是得到更多"的媒体和研究人员——就像（如今已经退休的）"职业坏家伙"塔克·马克斯为他的"伙伴和朋友们"起的书名一样。或者，近年来我会归咎于类似杰里·尤西姆 2015 年获奖作品《为什么当坏家伙会让你得到更多》这样的文章。

我的斯坦福大学同事杰夫·普费弗认为，待人如尘土可以是通往个人成功的途径是因为，如果你把一条蟒蛇和一只鸡关在同一个笼子里时，"蟒蛇会吃掉那只鸡"，他就是这么对尤西姆解释的。我也同意，有些时候让其他人感觉压抑、泄气、受贬低、被蔑视，可能帮助技术娴熟的职场坏家伙排除竞争者和吸引盟军。待人如粪土和自私有时也可能让人们在单纯的"你死我活"的情况下取得胜利——但在这种情况下，没有人有动力与他人合作，无论是现在还是将来。本书第六章会讨论为什么以及何时对职场坏家伙以牙还牙，是反击的有效方法（然而，我必须警告你，就像我的妻子玛丽娜说的那样："当你把狗屎扔给别人的时候，你也会满手肮脏。"）

　　也就是说，我对这一大堆研究的解读表明，为恶霸、夺取者和自恋狂欢呼的专家教授们夸大了其优势，却淡化其给自身造成的危害（尤其是长期危害）。

　　这一结论符合许多专业研究者的结论，包括沃顿商学院的亚当·格兰特（他研究"施予者"与"夺取者"的命运）、乔治城大学的克里斯蒂娜·波拉斯（她研究不文明行为）、加利福尼亚大学的达克·科尔特纳（他研究情绪和动力），以及斯坦福大学的查尔斯·奥莱利（他研究自恋）。这些教授和许多其他研究人员研究后认为，不需要苛刻待人就取得成功的胜利者名单，也可以列出一长串。这其中包括苹果公司首席执行官蒂姆·库克、网飞（Netflix）首席执行官里德·黑斯廷斯、伯克希尔·哈撒韦公司（Berkshire Hathaway）首席执行官和投资偶像沃伦·巴菲特、已故的喜剧演员罗宾·威廉姆斯、名厨安东尼·波登、电视制作人杰姬·科恩（《女子监狱》的创作者）以及执行制片人和作家珊达·莱梅斯（《实习医生格雷》的作者）等等——这份名单可以不停地写下去。2015年，我又和2010年那个担心自己不够大声、不够专横、不够自私的首席执行官谈了一次（我不能告诉你们他的名字），他现在依然不是个职场坏家伙，但他的公司现在拥有超过1000名雇员，他自己也已经是亿万富翁了。

　　我与皮克斯公司的创始人艾德·卡姆尔（曾与史蒂夫·乔布斯亲密共事 25 年）曾有过一次富有启发性的交谈。有些人认为乔布斯成功的部分原因，是他傲慢、喜怒无常、麻木不仁——这个神话足以诱使年轻的 CEO 们考虑，是否应该以同样的方式行事。卡姆尔承认，乔布斯职业生涯早期的确表现不佳，因此而来的坏名声也是理所当然。然而他同时强调，许多作家、传记家和制片人都忽略了故事中一个重要组成部分：乔布斯在他被苹果"踢出局"、在皮克斯和 NEXT 公司的挫折，"在野外游荡了"10 多年后变得更优秀了。卡姆尔解释说："在克服和理解这些失败的过程中，他改变了。他变得更善解人意，更善于倾听，更懂得领导艺术，更容易合作。"卡姆尔说，"更多的体贴和关怀"是史蒂夫·乔布斯"创造了难以置信般成功的苹果"的关键。乔布斯仍然是一个强硬的谈判者，一个具有挑战性人格的、喜欢争辩的人，一个完美主义者；但卡姆尔发现，只有在乔布斯抛弃了那些折磨他人的行为之后，他的伟大成功才会到来。

　　苛责他人也许会带来成功，但更会造成巨大伤害，即便你因此取胜，在我看来也算不上光彩。

　　这么说并不是因为我是"那个专门讲坏家伙的家伙"。虽然有关如何处理与职场坏家伙的关系的证据是模糊的和不完整的，但贬低和不尊重他人的行为，对其受害者造成的负面影响是持久而清晰的。不同研究学科的数千次研究能够确定职场坏家伙带给团体、组织和社会的总成本有多高——尤其是目标个人。让我们看看这堆该死数据的冰山一角。数以百计的实验表明，与粗鲁、侮辱和贬低他人的人相遇会破坏他人的工作表现，包括他们的决策技巧、生产力、创造力，其努力工作、为了完成工作加一点点班和帮助需要他的建议、技术和情感支持的同事的意愿都会受到伤害。例如，一项实验中，一间以色列新生儿重症监护病房的医生和护士被要求与一名粗鲁的美国医疗专家接触。这个粗鲁的美国人侮辱了以色列医生和护士的专业和智力。他告诉他们，他根本看不上以色列药物的质量，而他在以色列观察到的医务人员在他的美国医院"待不了一个星期"。这些被小看的医生和护士在包括诊断一个医疗人体模型的身体恶化情况、肠穿孔和心脏问题上的表现比对照组差远了。

换句话说，那个美国专家的粗鲁行为让以色列医疗保健专业人员如此恼火，甚至已经影响到了他们治疗患儿的能力。粗鲁的病人对医生也有相似的影响：在荷兰进行的研究表明，医生在诊断要求繁多和粗鲁地质疑他们专业能力的病人时会犯更多的错误，而诊断更有礼貌的病人时情况要好得多。

2011年，著名科幻作家威廉·吉布森转发了一条由"臭名昭著的d.e.b"（推特名@debhope）发布的内容："在你自我诊断为抑郁症或缺乏自尊之前，首先确定事实上是不是仅仅因为你被一群粗鲁的人所包围。"许多证据都能支持 @debhope 的说法。有许多学者研究粗鲁和不礼貌行为，这包括了由大声喧哗的、讨厌的和侮辱人的飞机乘客引发的"空怒""电话怒""路怒"和"行人攻击性综合征"，他们的研究表明，这种恶性的行为是具有传染性的，能破坏受害者长达数日或数周的心理及生理健康。对数以千计的受欺负儿童的研究表明，心理损害包括学业成绩下降以及同时产生的心理和生理健康问题。那些被同龄人欺负的孩子可能会被此事困扰终生——他们成年后会更容易出现问题，包括更高的被捕率、经济拮据、抑郁、严重烟瘾。

本书的研究表明，粗鲁无礼的同事、下属、顾客和客户，以及（尤其是）老板会影响人们的工作表现和健康。举例来说：流水线工人会因为语言上的辱骂产生情绪上的挫折感和降低工作效率；新护士被老护士和医生欺负，会导致懈怠情绪和对病人的冷漠；遭遇客人冒犯的服务业员工（如粗鲁的手势、叫喊、咒骂）会产生精神和身体健康上的更多问题，对工作的热情也会降低；同样，服务业员工只是目击顾客辱骂他们的同事（而不是亲身体验）就会遭遇同样的命运。

视他人如尘土的做法是有传染性的，你也很可能成为其中之一。一项 2012 年的研究记录了这种过程：行为粗鲁的高级领导倾向于选择或培养粗鲁的团队领导人，反过来，这些人在他们的团队中点燃了破坏性的冲突的火焰，从而扼杀了团队成员的创造力。

这种人造成的破坏不胜枚举：信任、动力和创意减少，不愿意提出建议；浪费、偷窃、旷工以及粗鲁现象与日俱增。俄亥俄州立大学的本奈特·泰珀教授和他的同事们估计这种粗鲁的管理每年给美国公司造成 238 亿美元的损失（根据旷工情况、医疗费用和生产力下降的损失计算）。那还是 2006 年，估计现在要高得多。这种人也破坏其受害者的身心健康——引发焦虑、抑郁、睡眠问题、高血压，以及导致他们与家人和伙伴关系的恶化。欧洲的一项长期研究表明，在一个粗鲁无礼的老板手下工作会增加心脏病与过早死亡的风险。例如，一项对 6000 名英国公务员进行了 20 年的研究发现，如果上级不公正地批评他们，拒绝听取他们的问题，很少表扬他们，其遭受心绞痛、心脏病发作和因心脏病导致死亡的概率大大增加。

你明白我的意思了吧？你周围的粗鲁无礼的家伙是不是领先一步或把他们的生活、工作和公司都搞得一团糟（后者可能性大得多），其实并不重要。他们对你和其他人造成了威胁。我写这本书的目的，就是帮助你保护自己，保护朋友、同事、顾客、团队以及集体免受来自这些粗鲁无礼的人的恶意言行的伤害。

写在前面的话

接下来的几章将讨论如何评估、逃避、忍耐这些人，以及如何对他们进行反击。第二章"6 个诊断问题"，帮助您评估处理问题的危险性和难度、问题能有多严重——以及需要哪个级别的保护性措施：最小的、中等的或是巨大的。接下来的四个章节考虑了不同生存策略的优点、缺点和细微差别：第三章展示如何和何时"完美脱身"；第四章提供职场互动策略，让你在至少当前逃不开的情况下减少与他们接触的机会；第五章心理战术，或者说是在考虑和做出反馈时减少对自己和他人的伤害的办法；第六章探讨了"反击"的技巧，用来改变和清除粗鲁无礼的人，让这些人下台或使他们变成无力的纸老虎。

本书的结尾是第七章，"成为解决方案，而不是问题"。我展示了在个人处事方式上采取"不做粗鲁无礼的人"规则的意义，它将作为主题贯穿于全书。这个规则不仅仅适用于团队和组织，也是对个人的塑造，教你如何判断他人，教你和什么人一起玩一起工作，教你下决心发现、打击并击败你自己及他人造成的粗鲁行为。

一句打破偏见的箴言

给别人贴标签时要慢，给自己贴标签时要快。

牢记这句箴言，你就可以避免一些折磨：放慢，停止，扭转你对你所怀疑的初步判断。它使你从这本书中得到更多。牢记这句话并跟着去做，会帮助你或者那些你支持、教育和指导的人们，更好地理解粗鲁无礼的人是不是高举着他们丑陋的脑袋，为什么他们在做无礼的事，以及如何对待他们。

在这个方向上影响你的判断，会与那些我们人类与生俱来的习惯相冲突——即使是那些最美好、最关心、最无私的人们。正如你将在第七章中看到的，心理学家的研究表明，我们常常对自己的弱点和错误一无所知或轻描淡写，而对我们的技能和能力产生夸大的想法（特别是在我们最不擅长的领域），而且容易为我们的问题责备别人（即使是我们自己的问题）。这项研究表明，如果你推动别人进行贬低人和不尊重人的行为，你不太可能对你自己或其他任何人承认这些不太光彩的事实。因此，由职场欺凌委员会在 2007 年到 2014 年间展开的全国范围调查显示，超过 50% 的美国人报告被欺负或目击过欺凌事件，其实一点也不奇怪。但是，他们发现只有不到 1% 的人承认曾经欺负过别人。产生这种差距的原因之一，就是有些人脸皮薄，甚至是彻头彻尾的偏执狂，所以他们对于极小或者想象的轻视都过度反应，而怀疑那些并不是有意冒犯他们的人居心不良（其中有些人甚至可能是想要帮助他们）。然而，主要的原因是，那些行事不光彩的人，往往无视自己的不良行为以及其他人的感受。

在有限的自我意识下，这句箴言并不是万能灵药。但我们每个人都容易误读他人，这句箴言倒是一记警钟。慢点给别人贴标签，能让你有时间考虑他的行为是不是有其他原因，甚至可能发展出对其行为的怜悯——这总比马上就跳起来怒气冲冲地反击要好得多，这种反击很多时候都是毫无必要的。给自己贴标签的时候要快，或者至少停下来想一下是不是自己已经成了问题的一部分，这可以抵消人类对于否认自身缺陷和罪过的偏爱这个咒语，也有助于你避免继续深陷这个让你和所谓的施虐者都恼怒不已的恶性循环——也许你们会互相叫喊："我不是坏人，你才是！"

二、6 个诊断问题

想想在我邮件中被提及的那些糟糕的小花招：打小报告；大声喊叫；带着假惺惺的笑容在你耳边轻声说："你是个失败者，我很快就要整倒你"；"被动积极型坏家伙"常常对他人视而不见，忽视所有呼声，只邀请他"看得上的人"参加同事间的周日聚会；五分钟里能打断你五次，问你"怎么还没把那摊破事搞定？"；专门在周日召开必须参加的员工会议；嘲笑同事太过努力；死死瞪着你，叫你"丑八怪"；无休止的嘲讽；"所有事情都很紧急，事无巨细。"

当着同事的面极尽溜须拍马之能事，转过身去则肆意散布各种恶意的谎言；因为某员工早到了 15 分钟提出表扬；办公室的冷饮送晚了点就大发雷霆；表扬一个人的方法八年不变；几乎每句话都带上脏字；疯了的时候仿佛呼吸都喘着粗气；作为人力资源的头儿只通过电话解雇员工，并坚持要求其他人也这么做；告诉一起工作的同事，顾客不喜欢她是因为她有一双"哀伤的眼睛"；在顾客背后骂她"丑陋的女人"，只不过因为顾客打扮得不符合其口味；向他扔燃烧着的烟头；抓住她，打得她鼻青脸肿。

唉，在现在这个传统媒体和社交媒体空前发达的时代，你应该已经看惯了广泛存在的粗鲁和有损人格的行为，因此上面这些例子很可能不会让你很惊讶。但如果没有确切的影像记录，其中的某些疯狂做法看起来就像"亚洲新闻频道"贴出的那样夸张。比方说，网上有一段视频，记录的是中国某商业银行一个培训师在数百名员工面前用棍棒殴打八名员工的臀部，每人四次，理由只是"他们工作不够努力"，作为其"绩效拓展课程"的一部分。其中一名被打的员工哭喊着浑身颤抖，看起来忍受着巨大的痛苦。推特上的 @passengershaming 也有许多可供了解的资料，人们在这里贴出旅客们各种不当行为的真实照片和视频，比如将自己脏兮兮的光脚丫踩到车顶上，甚至伸到身边旅客的臂弯里，也有女性乘客挤青春痘，而坐在身旁的男乘客在拔鼻毛，还有一位女士对空乘人员提出的熄灭香烟的要求先是置若罔闻，随后恶语相加。

研究人员对数以百计的此类恶劣行为进行了标记和分类。卡尔顿大学的凯瑟琳·杜普蕾和她的同事就对"源自顾客的职场侵犯"调查了 428 个工作者受到 11 种卑劣侵犯的情况：是否见过、听过、经历过类似事件，频率如何。这其中包括"口吐刁难话语""不怀好意地盯着你"以及"诬陷"。俄亥俄州立大学的本奈特·泰珀建立的粗暴老板项目会向受访者提出15 个问题，比如"我老板"有经常"在他人面前贬低我"、"向他人做出对我的负面评价"以及"侵犯我的隐私"这样的行为。耶鲁大学的菲利普·史密斯和他的同事们研究的是"日常生活中粗鲁的陌生人"。他们列出了在 27 种场所中（比如"超市里"、"高速公路上"或者"机场航站楼里"）发生的 21 种粗鲁行为（比如"在我面前推推搡搡"与"占用太多个人空间"）。

换句话说，这些故事和研究发现了这么多不同种类的坏家伙，他们以如此多的方式表现出其粗鲁的一面。由于种类实在太多，根本不会有可以适合应对所有坏家伙的万能生存策略。如果有人告诉你他们有一种循序渐进、最终一定可以完全解决你所有关于坏家伙的问题，他们一定是在自欺欺人。我不能承诺你能得到快速简便的解决办法。然而，本书可以帮助你决定哪种生存技巧和行动最适合你面对的特定情形，帮你找出伤害更少的方法，并最终赢得最后胜利——有时候是可以的。下面本章将提供一些实用的策略和技巧，在你开发和升级你自己的生存策略时不妨考虑试试。

第一步是弄清楚你和你希望帮助的人面对的事物有多可怕。当心第一印象。仓促判断是危险的。诺贝尔奖得主丹尼尔·卡内曼建议任何身处"认知矿区"的人——也就是面临困惑、困难和令人沮丧的挑战的时候——应该先放慢速度，研究情况，考虑一下不同的道路，在制订计划和采取行动之前和聪明人交谈。仓促判断的危险性和三思后行的优点是有据可查的。杰罗梅·格鲁普曼博士敦促他的医生同行们克制做出快速诊断的嗜好（大多数医生只用不到 20 秒）。格鲁普曼的导师告诉他，最好的建议往往是"不要做什么事，就站在那里"。这总比仓促做出错误诊断并导致对病人施以错误治疗要好。

本章将帮助你避免对可能遇到的问题做出仓促判断。它提出六个诊断问题供你与你信任的人进行思考和讨论。第一个问题帮助你确定你到底是否遇到了职场坏家伙。如果是的话，接下来的五个问题会帮助你弄清楚它有多糟糕——以及因此你需要付出多少努力。事情越糟，你就越难制定和执行生存策略。那样的话，把其他的需求放在一边，集中精力应付和驯服你的施虐者就显得更加重要，你一路上遭遇挫折的机会也就更多——这也就意味着你需要更多的尝试和战略上的变化。

你遇到问题了吗

当然有些卑鄙的行为——比如身体攻击或性骚扰——能提供无懈可击的证据来证明这个标签是毫无问题的。然而，由于我们在文化、工业和组织信条方面存在巨大差异，这个人什么时候、为什么应当被贴上标签也是有巨大不同的。不同的人对同样潜在的讨厌的行为和人做出反应的方式也有很大的区别。某些让一个人感到被冒犯或被压迫的做法也许不会困扰另一人，或者甚至不会被其他人注意到，也许会让别人开心，或者得到别人的认可甚至是喜爱。例如，一位美国前国家足球联盟球员向我指出，在一场出色的比赛之后，拍打队友的头部或臀部并称他为"你这个狗娘养的"，在球场上是很高的赞赏——但那种攻击性的行为在其他地方可能会让你被解雇或被逮捕。

第一个诊断性的问题来自已故作家玛雅·安吉罗的说法："一天结束时，人们不会记得你说过或做过什么，他们会记得你给他们的感受。"当然，许多受害者永远不会忘记那些人是怎么辱骂或对待他们的。但我赞同安吉罗的话。那些促使我思考"什么是坏家伙"的人，那些堵在我的胃里让我发狂的人，引发我或其他我所在乎的人的痛苦。那些告诉我他们的故事的人也一样：他们饱受各种各样的折磨。但相似的是，某些人做的某些事，让他们感觉生气、难受、气馁，或情绪上不稳定或受伤害。

我对受害者感受的关注同样也意味着，这样的"受害者"并没有自动免于受到所有指责。这与通常的点名羞辱游戏形成了对照。无论是通过问卷调查还是学术研究，或者是人们主动上传受到困扰的影像，通常都隐含着一个前提，这些卑鄙的行为由邪恶和有罪的犯罪者所作，然后由无辜的受害者或旁观者报告。但是，如果你想真正了解一个坏家伙问题，以及如何最好地解决它，需要考虑你的嗜好、背景和倾向是如何影响了你的感情。对你的感觉负起责任来，弄明白其他受害者或见证者是如何被驱动的，这能帮助你（或他们）弄清楚如何把影响降到最低。同时它也有助于了解你（或他们）如何可能使一切变得更糟——例如，脸皮太薄，或过多或无理指责那些所谓的坏家伙，或者也表现得同他们如出一辙。

所以，下面是第一个诊断性问题。问问你自己或那些你想帮助的人：

1. 你是否觉得那个被指控的人对待你（也许还有其他人）像对待垃圾一样？

在与所谓的粗鲁无礼的人的互动中或互动之后，你是否感到压抑、被贬低、不受尊重，或灰心丧气——或者以上都有？

如果这个问题的答案是实实在在的"不"，那么就没有问题了，或者至少不是一个需要太多注意的问题。但是如果答案是"是"，那就意味着你或其他人正在遭受心理伤害，此时采取保护措施是明智的。只要记住，不是所有问题都是相同的。有些人比其他人更糟。

有多糟糕？

一个营销经理给我写信，谈到了他工作了几年的工厂。他说这里实在太可怕了，"应该有人用帐篷把整个建筑挡起来，再用杀虫剂喷一遍"。这家工厂是由"坏家伙运营的"，他经常辱骂员工和对着员工开骂，皱着眉头咆哮算是日常工作，"和我说话时就好像我是个五岁小孩一样"。

他列举了该家族一连串奇异的动作，如"如果我吃了什么东西，比如一袋薯片，董事长会走进我的房间，把他的手伸进袋子里，然后看着我说：'我能吃点吗？'这位经理的直接上司也有这种毛病，他一开始是个"乐观、友善、富有激情、值得信任"的人，但很快就变得残酷和两面三刀。这位经理承认，他也变成了一个坏家伙。他是这么说的："我在电话里跟供应商发脾气；我的压力太大，根本控制不住；我在电子邮件里的语气更严厉；我的个人生活也受到了影响，下班回家后会毫无理由地和我妻子发脾气。"七年后，他终于走出来了，但这是在遭受了巨大伤害并同样伤害了许多其他人之后。

这个案例在让我恐惧的同时也令我着迷。因为这位经理意识到这家"工厂"对他，对他的同事、他的伴侣，甚至是他粗鲁对待过的供应商具有腐蚀性是花费了很长时间的。他是在走出来之后才意识到这有多么糟糕的。只需要看一眼他的问题列表就能知道当时情况有多糟糕。他觉得他被视为粪土，这持续了很多年，同样的人一次又一次地辱骂他（他们是"公认的坏家伙"），这是一种系统性疾病，大多数人比他强大，多年来他持续受到伤害。

唉，我们人类具有非凡的否认和幻想能力。那就是，如果他明白了事情有多么糟糕，我相信这位经理会采取更迅速和有效的措施——特别是，可以提前好些年逃离。不管你面对的是一个像他这么可怕的困境，或是微妙的和不那么明确的问题，只是停下来，思考，剖析情况，都会非常有用。用剩下的五个问题问问自己，找你信任的人来听听他们的观点和建议也好。

2.这种糟糕局面维持了多久？即使是短暂的轻微的侮辱，或只是有点不尊重的迹象都可以造成持久的影响。耶鲁大学社会学家菲利普·史密斯及其同事对粗鲁陌生人的研究发现，即使是持续几秒钟的情节，比如在购物中心撞到某人或偷你停车位还洋洋得意的司机，对受害者的影响都可以持续数周甚至数月的时间。这个范围可以扩大到更宽松和礼貌一点的"对其他人变得冷酷无情"。你也许不会理会那些感受到被羞辱或被短暂事件激怒的人，也许有人就是敏感些，克服这些影响会更难。但在你计算这种最令人不安的时期时，这种挥之不去的影响更有意义。

例如，在 2016 年 7 月 12 日，美国有线电视新闻网新闻主播唐·莱蒙在节目中谈及了一个熟人在一家餐馆里发表的种族主义言论。莱蒙和另一位非洲裔美国人站在一边（其他的都是白人），正在热烈地谈论一个此前几天发生在达拉斯的狙击手的暴行。袭击造成五名警察死亡，七人受伤，受害者都是白人，而狙击手是非洲裔美国人。莱蒙说，一个白人在餐桌上问一个非洲裔美国人："作为一个黑鬼，你有什么感觉？"他这边的成员立刻愤怒指责此人使用歧视性词语并要求道歉。莱蒙什么也没有说，但显然他觉得他们表现出的愤怒令他很惊讶。

虽然事发后几天，莱蒙在直播时显得有点沮丧，并表示，这件事仍然困扰着他——迫使他认识到种族偏见还有多深，认识到假装在看似开明和受过教育的人中间就不存在种族歧视是一件多么天真的事。

当然，日复一日遭受种族主义的批评和侮辱比单一事件更糟糕。如果那位营销经理能够在一个月而不是七年后就抽身退出，他受到的伤害会小得多。但唐·莱蒙遇到的种族主义事件也教会我们——其他简短但不和谐的事件也一样——丑陋行为的影响应该包括持续时间的长短和影响的深度。如果人们继续谈论它、争论它，为它烦躁不安，或者它仍然困扰着他们，那么情感上的伤害就没有真正结束。然而，平均而言，从粗鲁的上司到遭到霸凌的学童的所有研究都显示，受害者被藐视的时间越长频率越高，其伤害也越大，持续时间也越长。

3. 你需要对待的人的恶劣行径是偶尔为之还是一贯如此？我们所有人都有可能在错误的条件下做错事。我们有时也会视他人如尘土，理由则永远用不完——疲惫，匆忙，自我感觉强大，或者打倒某个强大人物的欲望压倒了一切，这些都可能触发对方更糟糕的行为。一个坏家伙其实是很难被确切定义的：一个人需要展示出一套持久的行为模式，有一套完整的恶行模式，在结束摧残一个"目标"后又让另一人感觉压抑、被轻视、被羞辱、被鄙视、被打击，使这个人泄气、变得更糟。

如果你和一个突然做出粗鲁行为的人打交道，这个人可能通常会带着热情和尊重对待别人，这样的话你也许不需要做太多——如果实在有必要的话。通常最好是什么也别说，或者只是离开那里。或者，如果那个人你平时就认识，一般还很喜欢，你也许可以把他们的敌意看作是一种发泄，他们只是度过了艰难的一天，需要情感上的支持。

我们都有糟糕的时候。几年前，我和麻省理工学院的经济学家鲍勃·吉本斯共进午餐。我是一个心理学家，我承认，许多经济学领域是我所不喜欢的（例如，大量的研究表明，学生对经济学了解得越多，他们就会变得越自私和贪婪）。无论如何，那天当我坐在鲍勃旁边的时候，心情很不好，还对他发泄出来。我说了些浑话，比如大多数经济学家都是自私的人。那当然对鲍勃不公平，他什么也没做就遭遇了我苛刻的评论，他是所有学术领域里我所认识的学者中最善良、最慷慨和最善解人意的人。但是鲍勃用温和的笑容取代了怒气，问我是否和我的小女婴伊芙度过了一个艰难的夜晚。鲍勃是对的。我因为带着生病的孩子度过了一个无眠的夜晚而情绪糟糕。我道歉，停止了我的侮辱行为。

那天我行为不当。

但这里有一些奇怪的东西。有时，偶尔行为不当，可以改善下属的工作表现。我的意思是，当典型的有教养和善于社交的人吐出令人意外的"毒液"时，他们可能是出于战略原因。他的受害者可能会将此解读为其老板的一次罕见暴怒，责任全在他们自己，这也许会激发他们更努力工作。所以，特别是在竞争激烈的情况下，他可能会呵斥、怒视或忽视那些他们通常以热情和尊重对待的人，这可能是为了激发他们的表现。

有这么一个有趣的研究。研究员巴里·斯托、凯蒂·德塞莱斯和彼得·迪哥耶发现了这种策略性粗鲁行为的证据。他们研究了23所高中和大学篮球队主教练发表过的305次半场更衣室演讲，这些演讲都被录音，以便于研究人员将每次半场演说的生气程度（不快程度）和下半场比赛的表现改善建立起相应联系。他们发现，在某种程度上，那些表达负面情绪的教练确实提高了球队表现。但如果教练是性格火爆而又粗鲁无礼的人，爆发的时候表现最极端（例如：强烈的愤怒、愤怒的口头辱骂、扔东西）则会降低球队表现。

一贯行为粗鲁和策略性行为粗鲁之间的区别是最耐人寻味的。如果教练通常是愉快的，他们的（偶尔）爆发比那些总是不愉快的教练相比，能引发更大的性能提升。所以教练如果一直都是行为不当，实际上是不起作用的，但偶尔策略性的爆发看起来是有效的，因为"目标"会把他们临时的折磨看作是试图激励他们更努力、更聪明——他们不认为这只是来自不断呵斥他们的坏家伙的普通咆哮。

如果你在给别人贴标签时慢一点，你会对情况的判断和相应的应对做出更好的决定。那该怎么办呢？例如：执行高标准、要求他人尊重的人，并不是特别热情和可爱的人——但他们并不伤害、贬低，或者忽略他人，这种人可能需要对激怒某些人负责，也会被称为"坏家伙"（至少在他们背后）。但是，如果强硬的人也坚持不必要的粗鲁、无礼和羞辱他人，他们就应该被认为是彻底的坏家伙。

例如，美国海军舰长霍里·格拉芙一直骄傲地坚持"高标准要求我的船员""如果他们达不到标准，我会让他们知道的"。2010年3月，《电讯报》报道，由于她在此前的指挥中表现出的"严格"和"出色的航海技术"，以及她出众的意志力，格拉芙成为"美国历史上第一位指挥海军巡洋舰的女舰长"。但这一切为人所知，却是因为一次最高级别的调查。这次调查源自多份由她的直接下属递交的投诉，结果让美国海军解除了格拉芙舰长对排水量高达 9600 吨的考彭斯号的指挥权。

据《电讯报》报道，当她进入波涛起伏的近海，一阵战栗穿过她的船身。格拉芙船长误以为它搁浅了，她的第一反应并不是水手们极其推崇的冷静领导力的缩影。她抓住身边的英国皇家海军军官一通怒吼，这位英国军官后来告诉调查人员，格拉芙舰长"当着我的面尖叫并骂脏话：'你让我的船搁浅了'"。

海军的调查发现，格拉芙在七年的时间里对下属表现出的"残忍和虐待"，令她赢得了许多水手们在背后称呼的绰号，包括"海上女巫"和"恐怖霍里"。在 36 名接受调查的证人中，29 人提供了第一手资料，表示格拉芙有"贬低，侮辱，公开蔑视和言语攻击"下属的行为。调查者发现，格拉芙舰长多次称呼她的高级部下"白痴"，对其中一位这么说："端正你那该死的态度，把它推到你的屁股上，别放下来。"她"对指控感到难以置信"，还对调查人员说："她的话完全不是针对个人的。"

这个令人不安的故事不仅表明，一个坏家伙能造成多大的伤害。格拉芙舰长在她的部下当中制造了恐惧和不信任的气氛，而不是她想要激发的勇气、技能和信心。如果这样的人把不必要的残忍误认为是必要的强硬，当他们的罪恶暴露于阳光下，他们会自食其果的。

4.这是个人问题还是系统性的问题？一位来自欧洲的教授告诉我："我的大学就像机场，每隔几分钟就有一个坏家伙降落在这里。"他说，问题很大一部分是因为，在他所在的大学里，粗鲁、傲慢、自私的教员比有教养的教授更容易得到工作。恶行会像兔子一样繁殖，这是因为心理学家称之为"同性相吸"的效应在起作用。罗伯特·恰尔蒂尼在他的经典著作《影响力》中早已表明，"有着同样羽毛的鸟群会聚在一起"的证据，比"异性相吸"充足得多。那位被粗鲁无礼的人包围的欧洲教授也说，无论教员在被雇用时多有教养，他们很快都会变得和其他坏家伙一样——就像此前那位在工厂做了七年的营销经理经历过的一样。

这种"传染病"的发生是因为情绪非常容易传染——坏情绪、侮辱、粗鲁和破坏性像野火一样蔓延开来。例如，贝勒大学的艾米丽·亨特和得克萨斯大学的丽萨·潘妮研究过438名餐饮业雇员（服务生、主持人、调酒师、收银员和经理）对难搞的顾客的反应（粗鲁、喧哗、提出过分要求等）。从业人员承认会用各种方式来缓和粗鲁行为，在背后取笑顾客、撒谎、让他们多等一会儿、不理他们、骂回去，都是最常用的反击方式。此外，服务生承认更极端的"负面行为"包括拒绝合理的请求、侮辱顾客、未经客户允许加收小费和污染食物——这就是为什么研究人员将他们的文章命名为《服务员往我的汤里吐唾沫》。

如果这个地方充满敌意和不尊重，实际上是无处藏身的。对许多人保持怨恨，也可以向多个方向传送。人们不会意识到他们也在像其他人一样无礼。

要小心，不要把一两次不好的经历或一两个令人不愉快的人误认为是系统问题。某些坏家伙有时会以集体的名义为他们虐待他人辩解。某些恶劣的航空公司雇员会拒绝你的合理要求，声称是"公司政策"，或是让你等几个小时或者几周后告诉你不要再投诉了，因为他们只是按照对所有人都适用的"标准操作程序"执行。真实情况是，他们都是冒着集体名义而已。

或者，可能是每天坐在你旁边的人，比如那位加利福尼亚的销售代表。她在写给我的信中谈到一个同事，他声称他准确地监控她和其他人每天早上什么时候上班，因为他代表高级管理层的利益。他经常斥责甚至诅咒只是迟到一两分钟的同事。这位销售代表花了相当长的时间才发现，管理层根本就不想让他或者其他人做得这么挑剔或无礼。她终于直接面对这个同事问："你什么时候变成自封的大厅监视器／时钟？"

他是"真的惊到了"，结结巴巴地说，他只是作为"导师"帮助同事。这位销售代表说："我立刻贴得很近，直视着回答：'那更像是酷刑师，所以滚开吧。'"这个销售代表发现，当个人躲藏在组织背后时，有时他们会扭曲、夸张或甚至违抗实际规则的文字或精神，也会试图贬低、解雇、挫败或忽视你，因为他们没有安全感、懒惰、崇拜权力或受困于其他个人怪癖。但一旦你驱逐他们，他们的纸牌屋就可能倒塌。

最后，要小心，一个粗鲁无礼的人，或者仅仅是一小撮粗鲁无礼的人，可能很快就能毁掉一个曾经很有教养的团队或集体——尤其是在这些人做了负责人或担任了其他重要职责时。我接下来要讨论的是，这些人越强大，（尤其是与那些他们所针对和折磨的人相比），他们就越危险，相处起来就更困难。

5. 你有多少能压倒那个坏家伙的力量？粗鲁无礼的人独自行动、没有盟友，比起你和其他人来说不是多强大时，他们不可能成为大的威胁。这就是当那位销售代表面对她的"酷刑师"时的情况。或者你可以考虑一下另一个无能为力的坏家伙的命运。

去年，我去看了一场在旧金山巨人队那漂亮的主球场举办的棒球比赛。比赛快结束时，我下面的一些前排优先座位已经空了——位置的主人们已经离开了，至少离开了一段时间。一位球迷带着他的妻子和幼小的女儿，从不那么理想的区域移到了那些座位上。一位巨人队的"客服"人员注意到了他的举动，走过来要求他们回到原来的位置上去，并解释说他们并未支付这些优选座位的票价、原主人可能会返回、球场有规定禁止从较廉价的区域移到较昂贵的区域（这个规定一直得到执行）。这位工作人员是一位友善的老绅士，我注意到了那个区域的常客——球队季票持有者们总是在比赛中和他开玩笑。

不幸的是，那位父亲对这个工作人员的要求的反应是一连串的侮辱和咒骂；妻子的脸变得通红，她立即带着女儿离开了。这位父亲又花了五分钟左右的时间对工作人员发出咆哮和侮辱；他最后接受了失败并离开球场。当他走上那条通向我的座位的楼梯时，几个球迷对他大喊"恶棍"和"混球"。他们讨厌的是，他训斥了一位很受欢迎的只是在做分内工作的工作人员，在那个美好的下午破坏了大家甜蜜的心情。当他经过我的座位时，我看着他，也许是太专注，他发现了我的视线，嚷道："我不是这里的恶棍，是吗？"我没有回答。毫无意义，因为他毫无力量，而他自己也深知这一点。所有人都反对他：巨人队的工作人员、其他球迷，甚至他自己的妻子。

还有那么一些人，他们虽然谦虚但很有实权——他们通过折磨人得到病态的满足感。例如，在《内心深处的火焰》这本书中，作者、人类学家卡洛斯·卡斯塔尼达表达了对"小暴君"的轻蔑之意——那些只拥有有限的力量却决心"迫害和制造苦难"的人。"小暴君"在一些极为狭小但却不可避免的领域行使着超过常人的权力，以狭隘、漠不关心和侮辱性的方式用它对受害者作威作福。

"规则纳粹"则是一种常见的、特别令人烦恼的人。哥伦比亚大学的海蒂·霍尔沃森 2016 年为《哈佛商业评论》撰写过如下句子："他们坚守着规则，就像莱昂纳多·迪卡普里奥在泰坦尼克号上紧紧抓住那扇门一样，就像他们的生活维系于它一样。他们也确保其他人也这样做，即使这个规则没有意义或者阻碍生产力的发展。"

包括许多"规则纳粹"在内的"小暴君"的一个特点是，他们的权力在一个狭窄的范围是伴随着较低的威望的；他们对自己得不到尊重而生闷气。这种权力和社会地位低卜的混合产生了危险的发酵——这促使他们把挫折与怨恨施加到其他人身上。南加州大学的纳撒尼尔·法斯特和他的同事们做过一个实验，在大学生中引发了这种类型的粗暴行为。研究人员给一些学生打上"工人"的标签，告诉他们，他们的角色将需要完成卑微的任务，而其他同学们"会瞧不起工人的角色，不羡慕或尊重它。"

其他学生被加上"创意制作人"的头衔，并告诉他们，他们将发挥重要作用，令其他同学们尊敬和尊重这个职位。两组学生随后被要求选定他们的搭档（并不存在的一个人，但他们都相信是确有其人）将要完成什么样的任务，而任务的奖励是一张 50 美元的画作。任务本身包罗万象，有的十分轻松，有的则会让人不适。

结果呢？"卑微的工人"对他们那假想中的伙伴表达了不满：他们选择了刻薄得多的方式。总之，"小暴君"很少有可能毁了你的生活，但往往利用他们有限的权力使你受苦（并使他自己觉得更重要）。

另外，仅仅因为你是上级，并不意味着你比你的下属拥有更大的权力。一位资深的硅谷首席执行官曾经学到过一个教训（学得很艰难），知道了两面派和善于社交的下属有多可怕。这位首席执行官尽一切可能雇用和鼓励"直言不讳"的员工，允许他们用事实和强有力的观点顶撞他，让他们毫不犹豫地批评他的结论，让他们批评他对大家太严厉（或者太放纵）。这位 CEO 强调，只要员工不是自私或疯狂的，他不介意这种谈话变得激烈。他认为只要事实和大家的看法都放在桌面上，问题会容易得多——只要大家互相尊重，在冷静下来后能够真心道歉（必要的话）。对他来说，最危险的员工是"笑面虎"，这些人对他微笑、奉承他、总是点头表示同意——然而在背后给他和公司捅刀子。

两面派"笑面虎"有一定的招牌动作。他们假装热情地同意你所做的每一个决定或你拥有的想法，但与其选择告诉你他们不同意，他们选择从不真正实现这些想法，或者反其道而行之，或者故意胡乱执行你的决定和想法，让失败变得不可避免。然后他们就会在你和其他同事背后说你坏话，批评你那糟糕的点子和判断。

6. 你实际受到了多大伤害？不管你怎么回答另一个评估问题，这是底线。如果他们对你或其他人造成的伤害总体来说是轻微的，而你可能想从一些相对简单和容易的保护措施开始，那就没有必要立刻火力全开地使用消耗巨大、紧急的和极端的办法。另一方面，如果你或其他人感到恶心，经历着巨大的不适，做着讨厌的工作，或急于寻找出路，那就是需要动用紧急和极端措施的时候了。

记住，只有一个出现可怕状况的人，才能证明另一个是坏家伙，比如那个被部门秘书的无礼行为弄得经常头痛、胃痛、失眠的主管。另一方面，你可能是那种感觉身边没那么多坏家伙困扰的人——也许是因为你脸皮比较厚，也可能是因为最后的奖品太重要了，所以你拒绝让他们妨碍你。

我怀疑，当年就是这两层防御起到了保护我的朋友贝基·马吉奥塔的作用。20年前，她还是美国西点军校的"新生"或"四级学员"。在学院的整个第一年，一年级新生必须随时保持"嗖"的状态：行进必须保持轻快的每分钟180步，向所有学长问好，把整个列表的小事做到完美，把他们的房间清洁到"白手套标准"，参加20学分时的课程，参加强制性体育运动，同时保持他们的军事化举止，任何时候都不表现出情绪——不管他们如何被高年级的学员吼叫、侮辱。当新人们发生真实的或想象的错误（这经常发生），一个或多个高年级学员会无情地斥责他们，这一点也不意外。

如果你拿贝基一年级时的困境与此前的"评价"问题相对照，似乎很没有希望。这种苦恼的经历持续了整整一年，同样的高年级学员日复一日对她施以辱骂，这是系统性的，她也没有权力。然而，与其让那些行为伤及她的灵魂，贝基专注于那些折磨她的人是如何富有创意和有趣的。正如我在第五章中将更详细地讨论"职场伤员"如何在职场上自救，这种心理上的"重构"帮助贝基在西点军校的第一年中生存和茁壮成长。由此开始，她有了一个成功的军事生涯，其中包括了担任特种作战军官的经历。

要有信心，但不要肯定

我此前劝过你们，不要急于对他人下结论，特别是要小心过于自信的危险。那位鄙视"笑面虎"的 CEO 为了解决这个问题使用了最有效的"解毒剂"。他寻找到了许多他能够信任的人，让身边的人随时都能告诉他事实真相（而不是他希望听到的），告诉他关于他和公司所面对的挑战的严重性和细微差别，也告诉他什么时候他把事情搞砸了。让我借用一下沃顿商学院教授亚当·格兰特的畅销书《给予和收获》，聪明的做法是，把所有的生存问题当作是双向的——你可以提供帮助，也可以要求帮助。向陷入困境的受害者和目击者伸出援手，帮助他们鼓起勇气对付无礼的人，你不仅是做好事，也让你可以与自己生活中的恶意和不文明行为战斗。你的盟友通常会觉得有义务回报你的善意，帮助你，保护你，为你战斗。你也等于学到了二手课程，帮助你彻底处理自己的问题。这样效率会更高，也不会那么痛苦，如果你不是自己把每个错误都犯一遍的话，不管那些错误多么有教育意义。据说埃莉诺·罗斯福说过："从别人的错误中吸取教训。你不可能把别人犯过的错误都再犯一遍。"

最后，在鲁莽行动和麻痹怀疑之间取得平衡的最好办法，在摇滚歌星汤姆·佩蒂的《拯救恩典》中已经写出来了："你很自信，但不是真的确信。"正如我2010年在《哈佛商业评论》网站上写的那样，对于组织心理学家（和我的智力英雄）卡尔·维克来说，这就是智慧的含义。聪明人"有勇气在按照他们的信仰和信念行事的同时保持谦卑的态度，能意识到他们可能是错的，并且准备在有更好选择的时候改变他们的信仰和行动"。

所以，花点时间弄清楚你的处境有多糟糕，你该怎么办。然后以坚定的决心冲锋。但要时刻留意，那些标志着意外情况的线索——可能是情况并没有好转，也可能是你的整体战略都是错的，需要大规模修正或彻底废止。这就是汤姆·佩蒂和卡尔·维克谈论的那种智慧。

6 个诊断性问题

1. 你是否觉得那个所谓的坏家伙视你（也许还有其他人）如尘土？在与所谓的那个或那群人交往期间或之后，你会感到压抑、被轻视、不受尊重或泄气——或以上所有吗？如果是的话，你最好开始制订一个生存计划。

2. 这种糟糕的状况会持续多久？如果这只是一个短期或短暂的连续剧，那么你可能会很快忘记这一切。但如果它日复一日，或是一个虽然短暂却持续伤害你或其他人的连续剧，那么你需要更多地关注开发和运用一点保护措施。

3. 他是一贯如此还是偶尔为之？如果他是偶尔为之，你可以只是让他过去，先不着急给出消极的反馈，等他或她开始重新表现得文明些。或者只是尝试温和的现场干预。但如果他一贯如此，那么你需要考虑得更细心和更周全，你已经有了一个更危险和更具危害性的麻烦。

4. 它是个体的还是系统性的？如果你在处理一个或两个坏家伙，而周围的一切都是文明的，那么，虽然你依然要冒风险，但你更可能被可以帮助和支持你的人围绕。主要的风险是这种粗鲁会像传染病一样迅速传播。但是如果你周围有许多粗鲁无礼的人，你不仅要承受来自各个方向的炮火，受到更多伤害，你可能遇到的盟军也会更少。

5. 你的力量比这个坏家伙大多少？如果你有比他强大得多的力量，你手上的选择就多了——比如，摆脱那个就更简单了。但要小心你的过度自信：只因为你十分富有，并不意味着你可以做你想做的，也不意味着你就能像你想象的那么有力。如果你的力量较小，那么对方就能伤害到你，你的风险就会更大，你就得更深入地思考你的策略，然后投入更多的精力去寻找可以保护你的身边盟友。

6. 你遭受的折磨有多大？这是底线。令一个人疯狂的事情也许对另一个人来说一点也不麻烦。你可能脸皮特别薄。但是如果你正在处理那些让你感到压抑、被贬低、不受尊重的人，那么你现在必须开始为生存做一些事了，这些事会相当耗时和激烈。

三、10 大自我欺骗的谎言

我相信放弃是有利的。

美国传奇橄榄球教练文斯·隆巴迪说："胜利者永远不会放弃，放弃者永不成功。"在有些情况下，他说得不对。

让我们看看便利店的收银员米丝蒂·谢尔斯基的故事。她所工作的 QC 连锁超市总部位于爱荷华州，老板名叫威廉·恩斯特。有一天，她的老板"为那些能预测下一个被解雇的是谁的工人们提供了 10 美元的奖金"后，谢尔斯基就放弃了。她和其他几名员工意识到公司并不把这件事当玩笑后就辞职了。她在 2011 年 10 月告诉《得梅因纪事报》："这是非常有辱人格的。我们看了那条备忘录，然后彼此看了看说'好吧，我们走了'。"其他雇员则留下来，但向领导层书面表达了强烈反对。当谢尔斯基申请失业救济时，老板恩斯特提出了反对意见，因为她是辞职而非被解雇。苏珊·阿克曼法官把失业救济判给了谢尔斯基，因为恩斯特已经"制造了一个充满敌意的工作环境"，法官称其为"令人震惊和可悲"。

　　离开那个场景能帮你从短暂而可怕的遭遇中摆脱出来。众多研究表明，面对，或仅仅目睹那些卑鄙的行为的人的反应往往是离开和避免此后再次进入事发现场。耶鲁社会学家菲利普·史密斯和他的同事对粗鲁陌生人的研究发现，585个受访的受害者中有50%会采取某种形式的"离开"——在遭遇被推开或被撞开、被吼叫、被吐口水、被后车紧贴着行驶或其他无礼举动后，会离开现场或望向别处。

　　海法大学的达纳·亚基尔认为，"如果顾客错了"并视服务员为尘土，服务员的反应很可能是休几天病假，然后辞职，因为他们害怕未来遭受更多的羞辱。本奈特·泰珀的研究跟踪了一个中型的中西部城市中的712名员工：那些粗暴上司使员工更倾向于自愿放弃自己的工作。乔治城大学的克里斯蒂娜·波拉斯和她的同事发现，当客户看到员工有不文明行为时，他们一开始会变得很愤怒，四处吐槽，然后带着他的生意去其他地方。

　　然而，并不是所有人都能成功逃离，有些只是困住了。一旦火车、飞机或公共汽车的门关闭了，如果你不能换座位，在旅行期间你就得想办法对付身旁的粗鲁的人。或你可能会被困在一个糟糕的职场里：泰珀的研究中那些员工都被困住了，他们都没有离开，因为很难找到其他工作。他们对于自己的工作很不满意，感觉十分压抑，随后还会在工作和家庭之间疲于奔命冲突频发，情况日益恶化。

那些能摆脱困境却又不想摆脱的人会到处找借口。也许伤害没有大到让其他选择变得那么吸引人。有些人受创颇深，但他们相信自己所做的一切在某些方面是如此的重要和令人满意，所以他们坚持了下来。其他人会觉得必须坚守并保护粗鲁的人手中最脆弱的目标。实际上他们成了"人肉盾牌"，他们为给弱小的受害者遮风挡雨而自豪。有些留下来只是因为他们已经下定决心要战斗并击败他们的敌人。

不能或不出去的人，也可以从本书中获益。本书介绍的回避技术、心理战术和反击术，都是很有用的。不幸的是，太多遭遇严重问题的人本来可以也应该逃离，却自己欺骗自己。他们欺骗自己相信事情不是真的那么糟糕，或者在还没有被困住的时候以为已经无路可走——这么做其实也是在让自己和那些被他们一起拖下去的人陷入泥潭，将来要花更多的不必要的努力。

擦亮双眼

第二章里提到的营销经理在那家工厂里忍受了整整七年，这故事太常见了。他花了太长时间才意识到自己遭受了多少苦难，才意识到自己其实有更好的选择，然后干脆退出。

我听过数以百计的类似报道。IT 服务人员给我写了一封信。在八年时间里，他挣扎着保护自己，让自己开心起来。他的痛苦经历还加上了一个令人不安的问题：如果你等待太久，曾经有过的退出选项有可能就蒸发掉了。他的上司从来没有侮辱过员工或是爆发过，更多的是那种"固执、冰冷的愤怒和我见过的最冰冷的眼睛"。这位上司非常多疑，总是把错误理解成故意的，她在"实际或情感层面"都从未有过怜悯之心，八年里从来没有一次承认她错了：如果他主动提出某个项目，这位上司会报以"令人恼火的批评"；当他不主动时，她痛斥他无所作为。他终于放弃，在 2015 年选择退出。那时，这个可怜的家伙找不到新工作，因为他没有好的推荐信，而这本来是他在工作的头几年就可以得到的。他后悔没有早点儿离开，还在想要不要找上门去抱怨，还为"和她浪费这么长时间感到羞愧"。

他和其他人都不应该为忍受这种不必要的虐待感到羞愧。然而这个故事很有教育意义。人们没有意识到或低估了问题的严重性，他们会受到多大的伤害，以及尽快离开是有多么重要。

受到干扰，你一开始可能会很厌恶。但过了一段时间，你会习惯，并开始注意不到它，或者不会仔细想它（如果可能的话）。这就是惯性，不愉快的事在你身边飞舞了许久，这种可怕的场面似乎已经变成了某种很正常的东西，以至于你就不会再去想了。

人们会用半真半假的话欺骗自己（有时候也欺骗其他人），让自己否认这些事情有多糟糕，糟糕的事情已经持续了多久还要持续多久，或者有多少伤害正在发生。人们发展这种错觉的一大原因源于学者们所谓的"对失败行为的固执认同"或"沉没成本谬论"。换句话说，你知道事情很糟糕，但你已经投入了如此多的时间和精力，你被"投资大到不能退出综合征"所折磨。这种综合征是由扭曲的感知和自我毁灭行为推动的，因为"多年来，我们致力于告诉我们自己和别人，所有的时间、努力和痛苦都是值得的和重要的，否则我们就不会将自己的生命如此投入其中"。

想想工厂的那位经理，每在工厂多待一周、一个月、一年，都会给他带来更大的压力，他要说服自己为什么会自愿继续待在这么糟糕的环境里，为什么会让自己一直不离开。这样的疑问又会一次次给"投资大到不能退出综合征"提供燃料。但是请注意，这种升级动态可以很快地被固定下来。心理学家和经济学家的实验表明，如果你对某事做出公开的承诺，并且努力为之工作几分钟，放弃这个团体就变得很困难了。

看看我列出的造成这个问题的理由，"人们对自己说的10大谎言"。这些都是常见的理由，人们用来解释为什么他们没有干净利落地逃离。有时他们是明智和正确的。然而，他们常常是胡说，半真半假地欺骗自己。就像写信给我的那个保险公司职员一样："六年来我被虐待，我应该按照你说的去做，然后尽快走出去。但你会习惯这种虐待，会觉得很舒服。你甚至认为你用自己的行为成功控制着虐待者的行为。我知道这很可笑。我承受过你提到的一切，包括沮丧、焦虑和单纯的不快乐。"

你和这位职员一样生活在"傻瓜的天堂"里吗？或者说下面这"10个谎言"也描绘了你身边的人是如何辩解自己还未离开如此糟糕境地的（甚至是尚未考虑离开的可能性）？

人们对自己说的 10 大谎言

1. 否认现状："这真的没那么糟。"

这真是一个可怕的处境，你生活在一个傻子的天堂里。

2. 想象中的改善："情况正在好转。"

这是一厢情愿的想法：事情总是和以前一样糟糕，或者更糟。

3. 错误的希望："事情很快就会好起来的。"

你一直这样希望，毕竟你是一个乐观主义者。但你期待中的更光明的明天永远不会到来。没有充分的理由相信它会到来。

4. 明天永远不会到来："我做完这件重要的事就去找一份更好的工作。"

然后会有另一件事，然后又是另一件事，另一件事。在你看来，生活是混乱的。如果你要等着给它系上一个整齐漂亮的蝴蝶结在最完美的时刻离开，你可能要等一辈子。

5. 疼得很厉害："我学了很多东西，建立了这么好的关系，挨骂是值得的。"

但是，你和你周围的人所遭受的一切伤害真的值得吗？难道你不担心自己也会变成这样吗（也许已经太迟了）？

6. 救世主情结："只有我能使事情变得更好，没有人能取代我。"

如果这是真的，为什么事情一开始就这么糟糕？是不是有可能你不仅是在受苦，也根本无力修补一切？或者你无意中助长了粗鲁？也许其他人会有更好的办法来对付它？

7. 我不是个懦弱的人："当然，这是不好的。但我很坚强。这不会影响到我。"

嗯，我想知道你周围的人会不会同意。

8. 我可以拥有打开和关闭它的开关："当然，它是很糟糕。但我擅长'划分'，所以这不影响我的朋友或家人。"

朋友和家人在你背后说什么？

9. 自以为是的痛苦："当然，这对我不好，但对别人来说更糟，我没有权利抱怨。"

任何事情都可能更糟，但这可不是留在糟糕环境的合适借口。

10. 其他草地会更枯黄："这里很糟糕，但其他地方对我来说会更糟。"

再考虑一个警告性的故事。一位来自美国中西部的警官写信告诉我，他是如何忍受同一部门的羞辱和排斥的。他曾经享有尊重和成功，早年，他从巡逻警员升为警司、警督到执行总警监，工作表现一直得到好评。然后一位新市长到来，六个月后他就被降职为警司，然后又去巡逻。市长解释他被降职而其他人升职的原因是："是的，你可以做这份工作，但是我想要的不是你。"警官没有选择，只能忍受这些降职和侮辱，包括"社会隔离"和多年"雪藏"。他是国民警卫队的一员，被招入现役后应征到阿富汗服役一年后，市长将他的薪酬砍去了近一半，剥夺了他此前积累的所有工龄、资历和福利。他这才愤而辞职，想要替自己争取利益。

这位警官知道他在去阿富汗前几年的处境是多么糟糕——他也有机会加入其他警察部门。但他被至少两个我名单上的妄想症说服了。他告诉自己，事情并没有那么糟糕，他一直希望事情能更好——尽管他已经被困住了，而事情却越来越糟。他也为自己过去 20 年在美国陆战队和国民警卫队中养成的忍耐力而自豪——这种品质在士兵或警察身上令人钦佩，但事实证明它是一把双刃剑，"我不是一个懦夫"反而让你有了更多留下的理由。

一次聪明的逃走

捷蓝航空公司乘务员斯蒂芬·斯拉特尔那个"要干就好好干"的故事很经典。斯拉特尔有充足理由为那个乘客感到气恼，并因此厌倦自己的工作。《卫报》报道，在飞机 2010 年 8 月 9 日从匹兹堡起飞前，斯拉特尔已经"被卷入两个女乘客为争夺头顶行李舱空间而展开的打斗"。在这个过程中，他意外地被她们的行李重重击中头部。当飞机降落在纽约，其中一位女乘客由于此前被禁止携带她的手提行李随身上机而被迫托运，因为没有能够马上拿到行李而发怒。

斯拉特尔受够了，他拿起麦克风诅咒乘客，抓住两杯啤酒，然后激活并滑下紧急逃生滑梯。斯拉特尔的逃亡之旅使他一下子出名了。他在脱口秀上得到掌声，两万多人成为他的脸书粉丝。但最后，《卫报》报道，他失去了工作，对飞机造成了价值 2.5 万美元的损失，并造成航班延误。斯拉特尔被处以一年缓刑，并被要求支付一万美元给捷蓝公司作为赔偿。斯拉特尔对此表示遗憾，他说："因为母亲病危，父亲刚刚过世，自己也有健康问题，我在压力下崩溃了。"

你的选择和风险偏好

是的，你应该努力摆脱粗鲁的人，但不要因此变成白痴。唉，回想起来，斯蒂芬·斯拉特尔这著名的 15 分钟应该不值得。对戏剧性逃离或实行报复的幻想是很有趣，但对伤害你的人采取行动可能会比他们更令你受伤。抵制诱惑是很难的。当人们觉得他们被视若尘土，许多人会感到一种强烈冲动，想马上或者畅快地辞职。

这就是安东尼·克洛兹和马克·博利诺的研究所指出的问题。他们对不同的"辞职方式"的原因、类型和后果进行了我所能发现的最广泛的研究。克洛兹教授和博利诺教授发现，"自断后路"和"冲动型退出"发生在约 15% 的辞职中（约 70% 的辞职以没那么戏剧性的或更文明的方式实现）。那些觉得自己受到了不公平待遇的雇员，特别倾向于使用愤怒和突然的辞职方式。正如你所预料的，"自断后路"和"冲动型退出"触发了他们心中的负面效应。

结果是，如果对你的组织、上司和同事生气，你很可能是想迅速而暴躁地离开。但这样做需要谨慎为之。这种冲动可能是危险的，因为如果你这样采取行动，它可能会令某些强大却卑鄙的人在晚些时候让你为此付出代价。这就是为什么当人们威胁要突然辞职的时候，准备用鲁莽的方式来自断后路时候，或者两者都是的时候（即使不是像斯蒂芬·斯拉特尔那么戏剧性的），我的第一个问题总是："你还有其他的选择吗？"第二个问题则是："你愿意承担多少风险？"

比如这位年轻的律师，她在一位美国联邦法官身边已经度过了两年实习期的一半。在与法学院的导师交谈后，她决定再忍受一年。她的理由是，联邦见习是许多年轻律师心目中的显赫位置——他们愿意为此做任何事，从"给法官捉刀代笔到给法官拿咖啡发传真"的任何事。她在一年前也有类似的职位，法官很棒，同事也很棒。但在新岗位上："我和两个同事一起开始工作，她们会争取一切机会对彼此（也包括我）大喊大叫和奋力贬低。"法官本身就定了调子：不断发火。他会为诸如"迟到或不正确的水壶传递"之类的蠢事勃然大怒。她补充说："我的同事多半很沮丧，这是可以理解的。其中一个很生气，在愤怒的时候狠狠地砸碎了她的手机。"

然而，这位律师认为，放弃这个职位比留下来更糟糕：她需要支付"巨额"学生贷款，辞职就是"职业自杀"；未来的雇主会认为她是不合格品。当她决定留在那里时——她在那里每天工作12个小时，其中包括大多数周末，我的直接反应是，她应该辞职，也许用斯蒂芬·斯拉特尔的方式。但当我考虑到她的债务和辞职可能带来的职业限制后，我不得不尊重和支持她留下来的决定。她只是没有更好的选择。至少她知道随着时间的流逝，她越来越接近两年的终点了。

相反地，如果你有很好的退出选择，对风险的偏好，或者两者都是，放弃更有意义。另一位律师说，她终于躲过了"一份可怕的工作，那是在吸取我的灵魂，令我痛苦不堪"，她已经"开始了自己的个人司法实践，比以往任何时候都更幸福"。

最后，正如第二章中对篮球教练的爆发的研究所表明的那样，如果你是众所周知的急性子，怒气冲冲地离开可能不会让人惊讶或担心。但是如果你被视为性情平和、乐观，如果在离开前展开攻击，你那令人意外的爆发可能被看作是"问题在他们身上，不在你身上"的标志。但是如果你使用它，你最好有其他选择备用，准备好被人抨击，被你以前的同事戳脊梁骨。

有时它能起作用。正如一个好脾气的工程师所经历的那样。他写信告诉我他成功的方法。在此之前，他仔细记录了她无情的虐待。然后，在一次激烈的会议上，他"让高层管理人员知道我辞职的真正原因，让他们知道他们应该为那些坏家伙带来的所有精神痛苦和糟糕成绩负责"。这次爆发达到了预想的效果："两个小时后，她走了出来。"现在部门氛围很好，工作重心已经转向实际的生产，而不是竭力配合一个无礼的人。

你能动一下吗

一位斯坦福大学的研究生告诉我，他的妻子和孩子们拒绝在星期天去教堂做礼拜，因为他们是那么害怕遇到糟糕的一家人。随后他的家庭改到了早些时候做礼拜，那讨厌的一家人从来没有在这个时候参加过。他的妻子和孩子们不仅不再拒绝和抱怨去教堂，所有人从教堂回来时心情都好得多。他们说这是上帝的意思。

还是在宗教场所，在纽约，一位犹太领唱家的妻子告诉我关于她丈夫和一个糟糕的犹太学者共事的故事。丈夫找到了如何换到那个他所认识的文明犹太学者的会堂的办法——结果是，他的生活、她的生活，以及他们孩子的生活，都变得快乐得多，健康得多。

对管理者和领导者的研究表明，为什么在同一个组织内换一份工作，换一个新老板、团队或部门，比起离开现在的雇主更好。盖洛普公司过去数十年的研究，以及谷歌的"人事分析"团队最近的研究，都印证了那句老话："人们离开的是上司，而不是公司。"无论你是在谷歌这样的常年占据"《财富》评出的最佳雇主百强"名单前列的公司工作，或在如快捷药方、西尔斯百货或施乐这样被玻璃门网站评为 2016 年最糟糕雇主的公司工作，在同一个组织内不同的老板或者团队依然有着天壤之别。作为业内人士，你多半更清楚地知道那些有毒物质或优秀人才都待在哪儿。

这就是为什么像 Salesforce 这样的聪明公司会努力使员工在内部团队内轻松流动。当我的斯坦福大学同事哈吉·拉奥 2012 年访问软件营销部队（Salesforce）高管克里斯·弗莱和史蒂夫·格林时，他们解释说，公司鼓励团队积极从公司内部招募工程师，工程师选择离开一个老团队时不需要经过旧上司的许可。克里斯和史蒂夫告诉我们，每年都有差不多 20% 的工程师决定换到其他团队——如果团队领导总是失去成员而无法招募到新的人手，管理层会认为这是团队领导人无法妥善对待员工，或无能，或两种都有的明确信号。从那以后，弗莱和格林离了这家公司，但当我们在 2016 年末与现任高管确认时，他们说同样的政策仍然在执行，这种公司内 400 多个工程团队中存在的"内部劳动力市场"还在帮助他们留住那些原本会离开公司的人。

在其他组织中，人们可以转移到不同的位置或岗位工作，这样愤怒和不文明的客户将不会那么多，他们受到的伤害也更少。看看这个研究员娜塔莉·卢伊－马蒂诺进行的法国公共汽车司机压力研究吧！她的团队发现，司机们都处理不好各种烦心的问题，比如公交车过度拥挤，挤满了粗鲁的司机和行人的街道，讨厌的、侮辱人的、性骚扰、向他们吐口水等等。司机也会喋喋不休地抱怨迟到、开车太快和太慢。这种压力迫使一些司机辞职了。但许多人留了下来，部分是因为他们的资历让他们有机会得到放松，例如换到不那么拥挤的路线和乘客更文明的地区。而且一家公司是同时经营公共汽车和电车：大多数公共汽车司机一有时间就转成电车司机，因为电车前面有一节独立的车厢，减少了和乘客的接触，因此被视为更重要的和有尊严的工作。

短暂而可怕的遭遇

当你需要短期面对那些粗鲁和不知尊重的人时，他们是真的钻进你心里给你制造烦恼，有时摆脱他们一会儿就最好了。

一位产品经理表示，当他被困在与那些能令他发疯的同事或客户的会面中，开始担心他会做些令他以后会后悔的事，或者说些令他以后会后悔的话时，他会径直站起来说："原谅我，但我得给我85岁的母亲打电话。"这是极好的办法，没有人会反对这个理由——他母亲总是很高兴能接到他的电话。或者你可以问自己，如果你所参加的电影、戏剧、聚会，甚至婚礼将要持续一段时间，而你又感觉被无法忍受或喋喋不休的人所包围，如果你能第一时间以不那么粗鲁的方式离开，你就应该这么做。

在学校里，我们都被教导留在座位上，直到放学，这有利于老师维持纪律让课堂变得更有序。但这些类似的经验可能在未来的生活中伤害到我们。就好像你在剧院或旅馆寻找安全出口一样，寻找在社交上可以接受的退出方案总是明智的。例如，在旧金山市内使用优步好几年后，我已经明白，虽然大多数司机都很棒，但总是能遇到糟糕的司机，他们会为政治话题咆哮、询问非常冒犯的个人问题，或者向我努力推销放在一边的某种电子产品——最近就有一次。只要四周是安全的，不难找到其他优步司机的情况下，我都会要求提前下车，另外再叫一辆车。我的旅程因此会增加几分钟时间，多花几块钱，但是我总会觉得好多了。

屏幕后的"巨魔"

那些在 20 世纪六七十年代从多个实验室联合起来创造了 ARPANET（互联网前身）的书呆子们不可能想象得到，在某种程度上，他们的发明给一种世界范围的"瘟疫"提供了舞台，从骂人到性骚扰，到纠缠，到人身威胁。的确，这种行为的持续蔓延已经影响了很多人的日常生活，即使是形象健康的明星也会遭遇那些缺乏安全感、报复成瘾、通常匿名的"巨魔"的恶意攻击。2016 年奥运会期间，体操运动员和五次金牌得主嘉比·道格拉斯被贴上了"crabbygabby（暴躁嘉比）"的标签，在社交媒体上被成千上万的人攻击。她伤心欲绝，被迫为一些无意的、琐碎的、莫须有的小事道歉。

加比的母亲娜塔莉·霍金斯对路透社讲述了她女儿那些所谓的罪恶："她不得不应付那些批评她的头发，或者指责她漂白皮肤的人。他们说她隆过胸，他们说她不爱笑，还说她不爱国。"

那些不太出名但也能引起公众注意的人，也会吸引来"巨魔"。剑桥大学历史学家玛丽·比尔德是他们最有攻击欲望的目标之一，尤其是对有性别歧视的人来说。她以她关于罗马帝国的畅销书和对某些话题的强硬观点而闻名，这包括她在电视、电影和社交媒体中多次谈论的"从远古时代起，男人们用来迫使女人们闭嘴的多种方法"。正如 2016 年《纽约客》报道的那样，比尔德已经了解到"冒险进入传统男性领地"的女性会招来网上谩骂。比尔德注意到言语辱骂是天天都有，对她的人身威胁和伤害也是非常常见的，比如一个恶心的家伙在推特上给她留下的恶意留言："我要砍掉你的头。"

大量的证据表明，在西方社会，网络骚扰已经失控。2014年，皮尤研究中心调查了 3000 名美国成年人，其中 73% 的人目睹过其他人在网上被骚扰，40% 的人亲身经历过。例如，27% 的互联网用户被人起过侮辱性的名字，7% 被长期骚扰。

皮尤研究中心发现，18 岁至 24 岁的年轻人尤其容易遭受骚扰；这并不奇怪，因为年轻人是社交媒体的最大用户。皮尤研究中心站的研究摘要还显示，这个年龄段的女性特别有可能遭遇最严重的骚扰：25% 的人遭遇性骚扰，26% 的人被纠缠。

这种丑陋行为的发生，是因为"巨魔们"可以隐藏在屏幕背后。但那只是故事的一部分。皮尤研究中心发现的许多骚扰行为，都是来自针对目标的朋友和熟人，许多"巨魔"也在游戏网站、社交媒体、电子邮件和短信上使用真名。许多抨击和贬低嘉比·道格拉斯和玛丽·比尔德的人都在网上使用真名。当《华尔街日报》记者伊丽莎白·伯恩斯坦为撰写网络欺凌报道而进行研究时，许多她采访的受害者知道伤害他们的人是谁，包括被学生在网上欺凌，被讨厌她养的狗的邻居欺负，在 48 小时内收到前女友 500 多条下流的短信。

　　这些侮辱、不尊重和仇恨他人者的共同特征是"与他们的目标没有目光接触"——有些人认为主要原因是在网上感觉不受同情、内疚等心理因素的约束，面对面的交流可能会阻止或减轻他们的愤怒。例如，海法大学行为学家诺姆·拉皮多-莱芙勒和阿兹·巴拉克让大学生们组队，通过短信进行辩论。这些研究人员研究了影响学生之间是友善还是刻薄的多种因素，包括这些原本是陌生人的学生是否会在辩论前花时间了解彼此。他们的主要发现是，当学生们在辩论中保持目光接触，相互威胁或其他敌意言语都会变少，两人是否事先花时间互相了解则没有影响。

　　那么，你怎么对付网上这类人？首先，和那些与你面对面的粗鲁无礼的人一样，最好的解决方案很多时候只不过是站起来离开这些人，而不是坚持要"以牙还牙"。如果你被一个"惯犯"攻击，如果可以的话，请结束这段关系。

　　正如《纽约客》报道的玛丽·比尔德的故事那样："甚至有一个推特账户 @ avoidcomments 这样给出旁观意见：'你在现实生活中是不会听一个叫作 Bonerman26 的人胡扯的。别看这些评论。"马里兰大学研究网络"恶棍"的专家帕特里西娅·华莱士告诉《华尔街日报》的伊丽莎白·伯恩斯坦恩，她建议受害者"删除好友，取消关注，拉黑"。

皮尤研究中心的调查证实，不理会这个办法很有效：60%
的被调查者选择忽视最近的欺凌事件，大多数（超过80%）说
这是有效的。皮尤研究中心的调查发现和帕特里西娅·华莱士
的建议类似，其他有效的退出策略包括删除好友或拉黑骚扰
者，改变你的用户名，删除你的网络档案，退出在线互动，以
及不要回到那个让人生气的地方。

与网络行为粗鲁者直接对抗有时也会起作用，虽然这比忽
视或与行为粗鲁者交朋友更危险。皮尤研究中心调查的受害者
中，有超过20%的人与行为粗鲁者冲突过，绝大部分认为这
么做让情况变好了很多。历史学家玛丽·比尔德已经成为与网
络"恶棍"斗争的小圈子里的奇怪英雄："巨魔杀手"就是《纽
约客》给她取的外号。有一次，比尔德遇到电视评论家吉尔在
BBC节目中恶语攻击她的外貌："从后面看16岁，从前面看
60岁。头发是灾难，搭配是尴尬。"还加上一句：比尔德"应
该远离照相机"。

比尔德还击了，她嘲笑吉尔缺乏教养，认为"西方历史
上总有像吉尔这样的男人，他们害怕聪明的女人讲出她们的看
法。我想，作为剑桥大学历史经典教授，我就是其中一个聪明
的女人。"比尔德赢得了这一轮战斗。但你最好在发动攻击之
前，考虑清楚你的相对力量和后路。

炒客户的鱿鱼

几年前，我收到了一张便条，它来自一家专业服务公司一位烦恼不已的高管：

"我们的客户有一些是坏家伙。我无法摆脱他们，因为他们是我们的金主。这些人（我在所有财富50强公司中遇到的令人作呕的最高水平）让我的生活变得毫无乐趣。我怎样才能摆脱这种状况？"

我和他交换了几封电子邮件，并最终去他的公司和他谈了谈咨询顾问的问题。在任何提供服务的企业中，总有些顾客和客户是难以忍受和接触的——正如我在以后的章节中会讨论到的——成为一个熟练的顾问、老师、咖啡师或其他服务业员工的部分因素，就是能适当处理与无礼者之间的关系的能力，安抚他们，保护你的尊严和理智，还能让钱滚滚而来。然而，在与这个特定公司的领导人交谈之后，我意识到，他们几乎没有什么拒绝最糟糕客户的历史。这让我很惊讶，因为我与精神科医生、牧师、调酒师、理发师、电影导演、律师、顾问、社工、风险资本家、首席执行官以及许多其他职业的人的谈话和访谈都显示，他们都在避免为粗鲁客户服务上做过相当长时间的努力，如果他们不幸遇到了一个，通常会想方设法拒绝掉——或许，有时候他们会故意与坏客户断绝合作。

2011 年访问奥克兰时，我听过新西兰航空公司首席执行官罗博·法伊夫的演讲。他在 2005 年到 2012 年间，带领这家濒临倒闭的公司赢得了极大声望——这家公司当年可是以对待雇员和客户如尘土闻名的。法伊夫说，在知道他的雇员是如何被一位要求极高（同时也极为富有）的客户责骂和侮辱后，他给这位任性的客户写了一封信，告诉他新西兰航空再也不会卖给他任何一张机票了。法伊夫把这封信发到了内部网站上——这位被禁顾客的姓名也在上面——让所有员工看到。虽然法伊夫后来离开了，新西兰航空还是会拒绝那些对待员工（或其他乘客）持续和极端不尊重的乘客。这家公司同时也做了大量的其他工作，国际独立航空评级网站连续三年评选新西兰航空为世界最佳航空公司。

我从罗博·法伊夫这样的聪明人那里学到，有时最好放弃粗鲁的和难以忍受的客户，尽管他们也会联系我做演讲或做咨询——或者创造条件让他们奇特的需求无法得到满足，从而让自己和客户断绝合作。我这里有个例子：有一次我接到一个电话，那正好是一次我已经准备了许久的谈话前两天，而那位谈话人聘请我向加利福尼亚酒庄的管理者们做演讲。我非常期待这次演讲，因为我热爱葡萄酒，这次的报酬不是钱，而是从 10 多个优秀的酒庄得到美酒。

然而，这位咨询者要求我放弃我计划中的话题，转而讲授加利福尼亚一些悬而未决却会影响葡萄酒产业的法规。我解释说我对法规一无所知，如果我试图装懂，则一定会失败，而管理人员在这次课程中将一无所获。她坚持，坚持，坚持——坚持说，我只需要研究一天左右，就可以想到如何进行这三小时的课程。尽管我非常期待葡萄酒，我简洁谦逊地告诉她，我没法改变主题，而她正在让我们两个都陷入被动。她不再想与我合作了，那种感觉是相互的。也许我本来应该更亲切些，但分道扬镳是正确的做法。

最后，要切合实际，财务考虑可以而且应该影响你判断哪些客户需要被拒绝和哪些需要容忍。我喜欢伯克利那位葡萄酒进口商使用的经验法则，他告诉我："我做生意时有一条法则，一个顾客可能是个坏家伙，也可能是未来的希望，但不可能两者都是。在这个基础上，我们排除某些顾客的压力大大减轻了。"

预见并引导

最好能首先避免陷入和坏家伙相处的境地，而不是晚些时候再逃离他们（或者更糟，跑都跑不出去）。当然，很难预测你什么时候会遇到他们。你可能在做功课，例如，通过访问猫途鹰网站（TripAdvisor）寻找一家友好的酒店或餐厅，或者研究玻璃门招聘网站（Glassdoor）或《财富》评出的最佳雇主100强，以便选择一家文明且有关怀心的公司——但即使如此，你仍然可能被一个或一群无礼的人困住。有时事情的起步阶段很不错，但后来开始有些粗鲁、自私或卑鄙的角色到来，然后事情可能会变得不顺利。其他时候，你那曾经温暖表示支持你的老板或同事，也会为了各种原因变得粗鲁起来，这可能是因为傲慢和（由成功引起的）不敏感，也可能是由于失败或丑闻受责备，或者仅仅与之相关而产生的恐惧和地位降低。

也就是说，你可以通过仔细调查和搜寻"无礼的人就在前方"的警示性标志省下很多的悲伤，无论你是在考虑去哪里吃饭或休息，去哪家教堂、高尔夫球俱乐部或足球俱乐部，去哪里工作，或者是否接受这个新客户。翻翻本书附上的"监测窍门"，可以通过列举警示性讯号来帮助你发现和避免与那些人的接触。我特别想谈谈沃顿商学院的亚当·格兰特在2013年的《赫芬顿邮报》上描述过的"亲社会性流言蜚语"。我的许多窍门都需要从可靠和有同情心的盟友那里寻找"流言蜚语"。我不是在说恶毒的、可恨的，或者虚假的谣言。我指的是对那些对于糟糕的人物和地方言之有据的担心，这能帮助你摆脱被贬低和被伤害的命运。

格兰特教授举例说明了他如何使用这种"亲社会"的八卦的，我认为这在他身上就有极好的效果。就像他告诫"一个学生在与有着剥削学生的历史的导师相处时，应当谨慎行事"一样，或者像他八卦某些把同事当成生意伙伴的"曲折历史"一样。格兰特倾向于说人好话。但他认为，负面的、有根据的流言往往是准确的，理由是："我觉得我有坦率坦白的社会责任。如果我不警告人们那些最喜欢操纵和玩弄权术的人在他们中间，我实际上把他们陷入容易受到攻击的境地。"

监测窍门
预见和避开混乱

1. 上谷歌。查看权威来源的评分和排名。但要注意，"玻璃门"最糟糕公司前 10 或《财富》最佳雇主前 100 名并不一定会符合你将要投入的特定部门、团体。

2. 可靠的闲话是金子。你知道谁现在或过去和他们一起工作了吗？他们能告诉你这些人和地方的整体情况吗？他们对你将要做的工作和将要相处的人有什么见解呢？

3. 过去的受害者还是敌人？找出那些因为不快乐而离开的人，尤其是被解雇的。如果他们和你正在考虑的小组或人一起工作过，他们提供的信息将特别有用。

4. 他们是否和其他坏家伙是一伙的？他们曾经与其他坏家伙一起工作过或受过他们训练吗？那是一个警告信号。近朱者赤，近墨者黑。

5. 糟糕的第一印象？当你交换电子邮件、短信，或一开始打电话时，你是否觉得他们可能是你应该远离的人？

6. 糟糕的第二印象？在初次会见或面试中，他们如何对你？他们让你感到受人尊敬吗？他们在乎吗？还是他们已经表现出有敌意、粗鲁或过分苛求的迹象？情况只会变得更糟。

7. 该死的捧臭脚？认真倾听下属和同事谈论领导。毕竟，如果你是陌生人，他们就不太可能抨击他们的上司或队友。他们说的是好话……但没有一丝温暖或兴奋吗？当你问到领导人或其他有权势的人时，他们会很快改变话题吗？任何缺乏热情的表现都是警告信号。

8. 优越情结的迹象？仔细倾听领导如何谈论别人。其他人都是笨蛋、白痴、叛徒或失败者？他们看起来对除了拍马屁者之外的所有人都冷言冷语或看不上眼？

9. 他们是怎样对待对方的？权力大的人怎么对待权力较小的人？观察同龄人如何互动，这是粗鲁无礼的情况吗？谨防攻击性的戏弄、粗鲁的打断、痛苦的表情以及沉默。

10. 所有都是发送，没有接收？使用我斯坦福大学的同事哈吉·饶提出的两个诊断性问题来帮助确定他是不是只顾自己：

第一，你的未来上司、同事或客户在谈话中占主导地位的时间有多长吗？他们让你或其他人插嘴吗？

第二，倾听人们提出问题和进行陈述的比例。如果他们从来不问任何问题，只是大声命令，炫耀他们的知识，对别人说的话不太感兴趣，这是个坏兆头。

11. 伸一根脚趾入水？你能从一个小小的承诺开始，而不是一个宏大的承诺吗？为一个客户先做个小项目，或一次实习或试用期？那样的话，你可以在确定签下长约之前就发现对方是否有问题。

我有个亲戚拥有 25 年处理坏家伙的经验，就是靠着这些监测窍门。她是自由职业者，要为富有的客户组织花费百万美元的复杂项目。客户中的许多人都是亿万富翁（对不起，为了家庭和睦，我最好保持细节模糊）。她长期从事这项工作，以在预定时间和预算内按标准完成项目，并摆平客户的怪癖、坏情绪、急躁和摇摆不定而闻名（即使是他们不愿意支付她高昂的费用时）。

她的许多客户都很棒，而且"非常有趣"，但也有一些特定类型客人，她会不惜一切代价避免合作。其中最糟糕的那些客户还要添加额外的不合理要求：他们会坚持某些根本做不到的时间进度和预算规模，以此来逼迫她这样的项目经理，这会令他们产生反常的快感——然后在项目失败时，再前来指责和诋毁，即使项目经理已经警告过他们这样的目标是不可能实现的（但客户依然在专家反对的情况下坚持推进）。

她知道最好是和那些糟糕的客户分手。她学会了辨别和哪些人共事会不愉快，所以她现在放弃（然后被解雇）的次数比以前要少得多，因为她的雷达已经很灵敏了。她在同意与潜在客户接触前就会和以前的熟客确认情况，更别说是决定要接过项目了。这种可靠的闲话交流对于避免接触臭名昭著的坏家伙是很重要的。当她与潜在客户会面时，她会特别留意那些可以表明他或她"虐待"其他项目经理、助理、维修工人、施工人员和工资单上的其他人的迹象。无论这位潜在客户对她是多么温暖迷人，她已经学会了留意这种警告性的信号。

就在最近，她遇到了一位亿万富翁，谈到了一个潜在的项目。在这个过程中她"注意到了一个特别行为"："对那些没有什么技能的低收入工人，即使他们对他非常忠诚并不懈为他工作，他还是不屑一顾，只不过没有开口辱骂。"但那些更有技能、从而也收入更高的人（比如我的亲戚），是"不断受到辱骂的对象，总是被威胁会被低工资的工人换掉"。这位亿万富翁还是希望我的亲戚为他工作，并与他共进晚餐谈论未来的项目。但她总是"礼貌地拒绝"，因为她知道，一旦他们开始合作，"他会在某种程度上这么对待我"。

同样的道理，当你面试一份新工作时，不要只关注你自己的待遇，一定要注意你的未来上司和同事是如何对待别人的。一位正在接受面试准备成为生产经理的应聘者告诉我他很担心，因为他未来的上司已经在另一个臭名昭著的公司厮混多年。所以在面试时，这位应聘者决定"看看他是如何与车间员工及工作中与他产生直接联系的人互动的，看看他是怎么对他们说话的，还有他的语言和表情"。这位应聘者注意到地上的人在上司讲话时远远站着，"他从来不笑，也没有人对他微笑""经过生产线上的工人时他甚至连点头都没有"。应聘者与这位上司的互动更糟："他打断了我的话，两次，就好像我根本就不是在说话一样。其中有一次在我介绍我的背景情况时，他粗鲁到一点都不掩饰。"他得到了工作邀请，但最终拒绝了，因为"我相信我的心，为他工作很可能下场很惨淡"。

做什么与如何做

逃离那些坏家伙或者避免与他们接触，你可以令你自己、你的朋友和同事们不用那么难受。我喜欢那些"接受这份工作，然后好好干的"故事。正如那位放弃那份工作并让上司和他"同归于尽"的工程师说的那样，在战略上偶尔采取一些特殊的方法在特定时候是有用的。当然，有些人是如此的卑鄙和顽固不化，用媒体曝光甚至是打官司的办法对付他，都是可以的。

比如 AA 美国服装（American Apparel）公司的前首席执行官多夫·查尼。据《洛杉矶时报》2015 年 6 月报道，法庭文件称，查尼的不良行为包括辱骂会计是"把脸埋在饲料槽里的猪……"，企图以"用手窒息并往脸上塞泥土"的方式扼杀雇员、在公司设备上保存自己与模特做爱的视频。查尼的罪行并不是新闻。早在 2008 年，《洛杉矶时报》就报道有人起诉查尼，指控他辱骂员工"荡妇"和"妓女"，还曾邀请一名女员工"在他面前自慰"。AA 美国服装公司的律师声称，他的行为导致该公司"损失近 1000 万美元的诉讼费用。"当查尼试图起诉他的前公司诽谤时，高等法院法官特里·格林拒绝受理他的上诉。根据 2015 年 10 月《诉讼日报》报道，法官回击道："你知道吗？比起你赢得诉讼，我认为我更有可能成为第一个上火星的美国宇航员。"格林法官还说，查尼涉嫌的不当行为是"超过底线太多，以至于你都看不到底线在哪里了"。

然而更多的时候，你和那些留在你身后的人能好聚好散，如果你能以冷静、体贴和缓慢释放的方式离开，让每个人都留点面子，那就更好了。所以，当你辞掉工作或放弃客户时，试着提前通知他们；如果可能的话完成你的工作；做好移交工作，不要让别人陷入困境。这样一来，你就不会烧毁那些以后可能用得到的社交桥梁。正面与坏家伙冲突或说坏话，毕竟他们都不是善人，因此容易报复。他们不仅可能通过背后暗算和打小报告发泄自己的愤怒，也可能对你身后留下的朋友和盟友进行报复。

这就是为什么《福布斯》撰稿人苏珊·亚当斯认为，即使你离开你所憎恨的工作，让离别的信息变得更简短而甜蜜会更安全。如果你的上司或人力资源同事问你为什么离开，即使你的目标是在最平静和平衡的情况下解释那些令你不爽的问题，注意，自恋和注重权谋的人脸皮薄，他们易于因为受到责备而迁怒，也会试图伤害任何不奉承和拍马屁的人。所以你最好保持乐观、简短及含糊，然后趁早离开。

以下是结论。当你采取可能冒犯、伤害或威胁他人的行动时，无论你针对的是那些坏家伙，还是你所珍视的同事——"在你做什么和怎么做的问题上是有很大区别的"。这句话总让我想起我的朋友迈克尔·迪林。他是个从来没有废话的生意人，最喜欢说的一句是："市场经济是一个自动清洁式烤箱。"迈克尔曾经在迪士尼和易趣网等公司工作，也曾在这些公司或者其他公司解雇过许多职位重要的人。现在，他作为风投企业家，已经帮助创立了超过 100 家公司，开除过许多 CEO，也关闭过许多失败的公司。事实上，迈克尔和我及其他几位同事一起在斯坦福大学执教多年，最后也离开了我们！

　　然而，迈克尔得到了几乎所有人的热爱，这里面有他曾经共事过的、有他曾经开除过的、也有被他停止投资的。那是因为他做这件事的方式。他尊敬待人、在分离期间和之后，仍然在情感上支持对方。当他和伟大的同事共事（"95%的时间"）或偶尔与那些坏家伙共事（"5%或更少"）时，迈克尔告诉我，他"设计我的行为中'怎么做'那部分时会考虑其他人的观感"。即使是和恶棍闹翻了，他也努力"以尊重和热情的方式传递事实真相"。

　　当然，迈克尔一路上也遇到了些敌人，但回头看看，他也考虑过他是否可以对他们更温和更善解人意一点。这就是迈克尔，他被赋予了责怪自己而不是责怪别人的天赋——即使有可能犯错误的是别人。他懂得慢点给人贴标签的价值，也懂得快点承认自己的缺点。

四、9项职场互动策略

"别和疯子打交道。"

当我向凯蒂请教生存建议时，她就是这么说的。我说的是多伦多大学的教授凯蒂·德塞莱斯，一个研究粗鲁人格和丑陋冲突的学术强人，包括我们在上一章提到过的对篮球教练的怒火的研究，航班愤怒事件，以及"飞行前的战斗"——乘客在登机口对航空公司员工的疯狂辱骂。

凯蒂的警告对任何被职场坏家伙困扰、折磨或伤害的人来说都是一个很好的起点。所有人都可能遭遇不幸——这种情况下我们的目标只是尽可能地在困境中生存下去。用凯蒂的话来说，本章节是关于——当你不能或不会完全回避与"疯子"打交道时，如何将你所面对和感受到的频率、持续时间和强度降低的问题。

我的重点是减少接触。负面情绪和行为具有传染性。由曼尼托巴大学的 M. 桑迪·赫尔西科维斯领导的一项职场攻击性调查在2013年发表的一份摘要显示，不尊重人的管理者、同事、顾客及充满敌意和不公平的工作场所会感染其他雇员，令他们也待他人如尘土以作为报复，关于这方面的新研究数量也非常庞大。

贬低和不尊重的行为会渗入其他无辜旁观者中：受辱骂的员工会倾向于虐待家庭成员，而不只是同事和客户。坏情绪也会在教室里传播，来自不列颠哥伦比亚大学的研究表明，在老师和小学生之间也存在"压力传染"。患有"倦怠"或情感衰竭情绪的老师教授的学生，皮质醇含量会较高，这与学习和心理健康问题都有关。2015年佛罗里达大学的特雷沃·福尔克和他的同事们发现，即使是偶尔一次接触粗鲁的人（例如，顾客发出的轻微侮辱性的电子邮件），也可以把一个正常人变成用负面行为感染其他人的"病毒携带者"，所以它像"普通感冒"一样传播。

保持距离

下面是一小群大学管理者减少自己（也包括许多其他人）接触坏家伙的办法。大约15年前，我认识一位名牌大学的教授，他获得了大量研究资助后，开始得意忘形，拍打着胸膛，斥责大学的管理者，不断宣扬他带来了多少资金、他有多高名望、他需要多大地方来安置他的团队。管理人员，以及大多数其他教授和与他共事的职员，对他的傲慢和人身攻击感到厌倦。所以他们想出了一个绝妙的解决办法，他们给他提供了主校区几千米以外的一套新办公室。这个教授上钩了。他很高兴有这么大空间；他的同事们更高兴了，因为他们在他搬到新的寓所后现在很少看到或听到他的言论了。

这个故事是有益的，因为它表明，当事情涉及坏家伙时，有时增加——而不是减少交流障碍，才是聪明的办法，而物理距离是最有效的保护性障碍。你可能会惊讶于在你和坏家伙之间仅仅增加额外的几米，会给你带来极大的缓解。

在 20 世纪 70 年代，美国麻省理工学院教授汤姆·艾伦证明，人们之间坐得越接近，交流就更频繁。不只是面对面的交流，而是通过包括打电话在内的所有方式。关于"艾伦曲线"或"邻近定律"的后继研究证实，与坐在 18 米以外的同事相比，人们与坐在 1.8 米远的同事进行定期沟通的概率要高 4 倍。员工们很少会与在不同楼层或不同建筑物中的同事交流。事实上，一旦人们的距离超过大约 45 米，沟通就变得极其罕见，和处在不同的城市或国家的情况也差不多了。你可能认为互联网的兴起会结束这个"眼不见心不烦"的状况。但包括卡耐基－梅隆大学的大卫·克拉克哈特教授和社交方案公司（Sociometric Solutions）首席执行官本·韦伯在内的许多研究人员的研究发现，在同一楼层工作的人们，尤其是坐得很近的人们，依然更愿意一起进行各种日常沟通，包括使用电子邮件、短信和社交媒体。

艾伦曲线对如何处理与坏家伙的关系有直接启示作用。如果你能把身旁的无礼的人送到另外一栋建筑物里去，或者即使是仅仅6米或9米以外的地方，可以大大降低你的痛苦和感染风险。研究表明，大学管理者引诱那个讨厌的教授搬到镇子另一头，这和送他去另外一个国家一样有效。如果你不能把你的同事送走，试试把自己送走。搬到另一个楼层或建筑物是最好的，即使是在你和那个坏家伙之间增加一点点物理距离，也会很有帮助的。

"劳动力科学家"迈克尔·胡斯曼博士和他的同事们研究了"溢出效应"：当不同类型的员工彼此坐得很近时，就会触发这种效应。他们跟踪了2000名在同一家大型技术公司工作了两年的工人。2016年，胡斯曼告诉快速公司（Fast Company）他们发现了"毒性密度"效应：就像研究表明粗鲁会像普通感冒一样传播，他们发现坐在一个破坏性的人身边能戏剧性地增加被感染的风险。胡斯曼解释说："如果你在一名工人身边7.6米范围内增加一个粗鲁工人，这个普通工人转变成坏家伙工人的机会会翻倍（增加112.5%）。"胡斯曼甚至还发现，和一大堆具有感染性的恶棍坐在一起会让你被炒鱿鱼："在坏家伙密度太高的区域就座的员工，因为无礼行为被开除的概率要高出150%。"

这种"距离防御"战术也适用于公共场所。如果你坐在电影院或餐厅、飞机、公共汽车上，身边有个粗鲁或令人丧气的家伙，尽可能离开他们和他们的恶作剧。保持距离，这能让你从社交聚会、政治募捐、志愿者组织、工作场所，或其他你参加会议的地方中生存下来。

去年，我遇到了一个易怒的，但惹人喜爱的工程师，他很为自己在苹果公司生存了艰苦的15年而很自豪。他成功的秘诀之一是与已故的史蒂夫·乔布斯保持距离。这位工程师报告说，尽管乔布斯随着年龄的增长而变得成熟——这不仅仅是一个神话：在苹果公司，他和很多人一样会避免和乔布斯一起坐电梯，因为他不想被当成犯人审问，或连续数周或数月加班。他解释说，当他的团队与乔布斯会面时，他会避免坐在他旁边，因为"你越接近乔布斯，坏事就越有可能发生在你身上"。

回避策略

当然，有时候你不能避免与职场坏家伙互动。但是如果你考虑周全，甚至有一点狡猾的话——你可以限制与他们接触的时间和频率。这是北达科他大学的帕梅拉·卢根－桑德维克在她关于职场欺凌现象的研究中发现的。帕梅拉采访的受害者们称这为"回避"，许多人把它练成了"几乎是一种艺术形式"。比如一位休闲钓鱼公司的副主席，曾在一间全玻璃的办公室里为老板工作，那里的"监视是持续性的和蓄意的"，"他会整天大吼大叫，头上的血管都要爆出来。他会吐口水，会指指点点，每天都会威胁挡在他路上的任何人。我在那儿的每天都是如此。"她减少接触的方式是尽量不待在办公室："你要学会不要在工作中露面太多。你可以安排自己去开会。你只是太忙去不了办公室而已。"

回避策略对长期处于困境的人尤其有用。这样的策略曾经给予我确定的帮助。多年来，我一直受困于一个心胸狭窄、自恋的同事，我很讨厌去参加她主持的会议，与她一对一的交谈就更糟糕。正如我的一位教授同事指出的那样，她总是那么只顾自己，每次非正式谈话时她总是会以问好开场，但不到两分钟，她就以各种方式把所有话题转到她有多了不起上。

我从来没有见过这么自夸的人——她能喋喋不休地告诉你她多大本事、那些大人物是多么敬仰她、她那无与伦比的工作能力和影响力。这位心胸狭窄的同事，特别强调她对别人的优越性，也特别善于背后打小报告——这方面她是顶级的：无情地贬低、诋毁对手、批评者以及其他任何她认为对她的名望和权力有威胁的人。我用尽一切办法避免与她进行可怕的一对一面谈，我只要有可能就尽量避开她主持的会议。不幸的是，我没法避开全部。

但是当她的行为让我恶心（类似于晕船恶心）或我感到一次大爆发将要到来时，我经常会提前离开会议室（我做了至少20次）。我没有解释为什么。与其撒谎，不如什么都不说。我后来终于知道，其他同事也使用过类似的战术。

放慢节奏

和某些坏家伙打交道有时像对待一只新来的小狗。当它咀嚼你那双昂贵的新鞋时，你尖叫"不！"不算是一种惩罚。是的，你会为它破坏了鞋子生气，但是那只小狗喜欢引起注意。你的尖叫只会鼓励更多的坏行为，然后接下来，就像我的小狗巴格西对我做的那样，那个可爱的小狗毁了你那副400美元的眼镜和一支黑色的笔，把那条浅棕色地毯染得一塌糊涂。

有些坏家伙把类似的快乐建立在你的痛苦上。当他们做某些会让你产生强烈反应的事情的时候——无论是奉承献媚，热情的道歉，带着恐惧、泪水、愤怒的颤抖，还是那封又长又谨慎的电子邮件，你花了一个小时完成它，只是因为他们想象中的紧急事务——他们扭曲的头脑内的快乐中心亮起来了。

让我们看看由芝加哥大学心理学家本杰明·拉赫和他的同事进行的一项大脑扫描研究。他们将具有"攻击性品行障碍"（比方说，道歉、撒谎、故意破坏和欺凌行为）历史的青少年，与另一对照组中除了没有这些历史之外其他情况都非常相似的孩子进行比较。当研究人员向霸凌者们展示人们遭受痛苦的照片时（比如，锤子砸到了脚趾头上），他们大脑中负责快乐的区域会亮起来（在对照组的孩子中没有发生这种情况）。拉赫在 2008 年告诉《美国国家地理》杂志："我们认为这意味着他们喜欢看到人们痛苦"，并且"他们每一次欺负人和对他人表现出侵略性时，他们这方面的感觉都会得到积极的强化"。

研究人员强调他们的发现是试验性的，但互联网"巨魔们"看起来确实喜欢这种病态的快感。作为老牌在线社区经理，杰萨敏·韦斯特在 2016 年告诉《卫报》："'巨魔'行为的制造者，是那些相信他们的职责就是找出人们的死穴所在然后按上去的人。"这个判断看起来对校园和职场里的坏家伙也是一样有效的——你脸上看得到的痛苦就是他们的乐趣，每次他们挑起这种痛苦，他们继续折磨你的动力就会变得更强。

正如我在第三章所说的，通常最好的办法是忽略他们或断绝和他们的关系。唉，这并非总能做到。但要想办法尽可能地放慢这个过程的节奏——以及如何尽可能延缓或减少他们从中获得的动力——可以帮助你忍受甚至改变他们。我曾经接待过一位博士生，他的导师粗鲁无礼、喜怒无常、要求苛刻，他感到非常头疼，于是就采取了这种"慢下来"策略。他向我解释如何用这种战术缓和了紧张局面，让他得以度过了这艰难的几年。起初，如果他的导师发邮件辱骂他，或在不恰当的时间（例如，凌晨两点）打电话大声斥责和批评他，他会马上跳起来作答。这令情况更加紧张，因为这位导师得到了他想要的关注，反而进一步强化了他恶劣的行为——就像那些拉赫教授实验中的青少年混混一样，他大脑中的快乐中心亮起来了。这位学生在后来的几年中学会了放慢回应的速度，一开始是拖几小时，然后是几天，后来有时候是几个星期才回复他。即使导师给他发来一大堆讨厌和侮辱性的电子邮件，他也要等好几天，最后等上几个星期，把它们一次读完。随后他发出一封情绪经过严格控制的邮件。随着时间的推移，这位导师并没有变得好一些，但发来的邮件却越来越少，打电话也越来越少，也显得更有教养了。

延迟的另一个好处是这名学生有时间冷静下来——平息以同样令人厌恶的方式反击的怒气——这能帮助他避免恶性循环和不断升级的侮辱和指责。这位博士生使用类似的策略安排定期面对面的会面：慢慢地、稳步地"训练"他那位心胸狭窄的导师，从每周改到每两周一次、最后改成每月开会一次。

这个学生现在已经是一家知名大学的终身教授，她相信如果不是用包括"慢下来"在内的各种战术来减少与她那"疯狂又愚蠢的导师"的接触，她永远也没法完成博士学位，找到工作，或保持她的头脑清醒。放慢节奏，能帮你减少他人的骚扰。

在与粗暴客户的互动中，放慢节奏也是有用的。1990年，我做了一个电话账单收费员的研究——我接受了成为收费员的训练，用了一周时间给没有按期支付欠款的欠债者打电话，然后花了几个月观察和采访真正的收费员。我们被告知，欠债者越生气——其大呼小叫和咒骂越多——在回答问题前，我们就应该等待更长时间，我们说话也应当更缓慢和平静。一个主管告诉我："如果你说话更柔和，他们就会不得不停下来倾听，否则他们听不到你说的话的。你的声音越大，他们的声音更大。如果你放缓语调，他们也会一样。"

最优秀的收费员能巧妙地改变甚至是最粗暴、最具侮辱性和卑鄙的欠债者的节奏和音调。我听了无数次电话，欠债者会大声向熟练的收费员喊叫一分钟甚至更多，然后收费员会停一会儿，然后慢慢地平静地开始说话（用安慰性的说法），欠债者会继续喊几分钟，收费员会继续慢慢地、柔地、平静地说话，就这么来过几次，10分钟或更少时间后，大多数欠债者会冷静下来，态度更友好。他们通常会道歉，补上欠款。

躲在众目睽睽之下

那些坏家伙让别人感觉被蔑视和贬低的方法之一是不把其他人当人看，也就是说，把他们当作隐形人对待；一个典型的蹩脚的举动就是对待人们像他们使用的一件家具一样，好像不知道他们也是人类一样——没有视线交流，没有微笑，没有感谢，没有任何联系。

然而，隐形是一把双刃剑。它提供保护，因为有时吸引到坏家伙的注意力比被忽视还要严重。有些坏家伙只会在你做了错事或冒犯他们之后才注意到你。或者他们焦虑不安，焦躁，没有安全感，或是因为其他原因而沮丧——而你则可以很方便地做他们糟糕心情的替罪羊。这就是为什么人们可以通过完美掌握隐形的艺术躲过这些坏家伙的原因。

这有点像那些神奇的动物，能把自己的颜色和形状变得和周围环境一样，以此来躲开捕食者。就像北极狐狸的毛会在下雪时变白，然后再变成棕色或灰色来搭配夏季的苔原。或"装饰蟹"身体上附着着海藻、岩石或海绵作为伪装。想在坏家伙面前隐形的人们用的是其他的伪装方式，但也有助于他们融入背景中。其他人说话时他们是安静的；其他人很有趣时他们很无聊；他们的工作内容不会太琐碎也不会太突出；他们的打扮也要避免突出——就像其他所有人一样，但就少那么一点点潇洒；他们躲在空白乏味的陈词滥调背后，目标就是保持低调不要激起波澜，保持隐形，被人们遗忘。

想一想机场的安检扫描程序。它通常是拥挤和吵闹的；你被苦恼和不快乐的人包围；规则严格执行，但往往令人困惑；陌生人在你最私密的物品中翻来翻去；在你身上戳来戳去，还要搜你的身；你还要承担被耽搁、被拘留或监禁的风险。如果熟练的虐待狂想要设计一种可以产生坏家伙的方法，他们很难想得出比美国运输安全管理局（TSA）对乘客需要做的更糟糕的办法。当然，从另一角度看，TSA 雇用的交通安全员（TSO）必须处理大量的问题。他们不仅要面对没完没了的旅客，还要在 TSA 上级的严密监视下工作，这些上级坚持要他们遵循精确的规则和程序，保持不间断运行，并保持礼貌待人（至少要不粗鲁）。

哈佛商学院研究员迈克尔·安特比和柯蒂斯·陈在 2011 年采访了 89 位 TSA 雇员，了解他们的工作是如何组织的、安全员身上感受的压力，以及安全员们是怎么处理这既头疼又枯燥的工作的。安特比和陈发现，安全员工作的一个特点就是他们被视而不见。TSA 的经理们会密切观察安全员所做的一切（经理直接通过与扫描区的六七个监视摄像机相连的视频监视器观察他们的工作）。监管人员常常采取措施纠正或帮助安全员们。尽管有如此密集的监视，安特比和陈发现，TSA 经理集中在安全员个人及其感受上的注意力并不高。安全员们自称"被丢在地板上"或"消失在木头缝里"。安全员们认为自己是"看不见的、可替换的工人监视着同样隐形和可替换的大群旅客"。

安特比和陈发现，许多安全员视这种"隐形"是好事，在"消失"中也扮演了积极的角色。被注意往往意味着麻烦——往往继之以训斥、被分配到困难和情感要求高的岗位、管理层的书面警告、临时停职、甚至被解雇。所以安全员们设计出这种"躲在众目睽睽之下"和"在雷达之下漂浮"的办法。他们使用各种回避策略，包括在事情变慢后尽可能休息和上洗手间。虽然，在理论上安全员每 30 分钟就换个岗位的做法让工作没那么无聊，但有些安全员依然学会都留在对乘客仍然可见的地方——少点互动，多点距离。例如，作为一个"搜身官"，需要接触和搜索顾客身体，这是不舒服的——安特比和陈发现，许多乘客都很恼火，有时还愤怒地发作出来。相反，"X 光透视任务"是与乘客绝缘的，安全员只需要从显示器里看看行李里有什么可疑的东西。正如其中一位解释的："在操作 X 光机的时候你确实能休息一会儿，因为你根本不用和他们打交道。"

其他安全员们所使用的隐形策略包括，"自我淡化"。有些安全员会避免做得太出色，因为他们觉得作为一个个体，而不是作为大机器上的一颗普通齿轮受到关注会带来太多风险。其他人则避免与主管们及其他同事谈论他们的私生活，以展示自己作为另一个普通和可替换的安全员的形象，而不是让大家觉得自己是个有趣的人。还有一些人假装对主管或乘客之间关于工作或个人事务的谈话不感兴趣，以此保证自己可以不被关注地躲在角落里。安特比和陈发现，安全员们有时候真的试图吸引别人的注意；例如，某些人会吹嘘他们收到的正面"评论卡"，上面会有乘客对他们专业精神的称赞。但因此被注意到的风险是相当大的，部分是因为安全员们发现想要持续稳定表现是很难的。

正如安特比和陈所指出的，人们如果害怕来自强力人士的报复，就会长期使用隐形战术作为保护。这一主题贯穿学术界和新闻界所关注的其他职业，包括装配工人、工程师、餐饮业服务生、护士和警察。但有时候，如果你善于观察，并具有耐心——保持隐形能让你接触到某些信息，这些信息可以帮助你掀翻强大坏家伙的桌子。例如，在20世纪90年代早期，查理·格鲁尼克（现在是在法国的欧洲工商管理学院教授）和我做了一个有趣的采访，对象是鲍勃·德蒙斯——1974年旧金山消防总署第一批非洲裔美国消防员之一。尽管德蒙斯一开始是作为消防员受训，但很快就被派去做署长的司机——这位署长是一位刻板的种族主义者,并因此经常贬低他的工作。在这个岗位上,德蒙斯多次访问过城市中每个消防站。他也可以接触到许多谈论敏感话题和可疑行动的会谈,署长和其他许多有权力的城市官员只是忘了德蒙斯也在场而已。

德蒙斯很像拉尔夫·埃里森20世纪50年代的经典小说《隐形人》里的主角:一个非洲裔美国人因为种族的原因让他在社交场合对其他人来说是隐形的。当查理和我访问德蒙斯的时候,他说,作为署长的驾驶员让他恼火,但也最终帮助到他和其他少数民族,以及妇女。他从领导那里听到了很多关于旧金山消防总署的事情——包括大量肮脏的东西——那些领导都忘了他在场。这使他有力地领导着反抗消防总署内歧视势力的长期战斗。最终,作为黑人消防员协会的负责人,德蒙斯在推翻种族主义招聘政策的诉讼中扮演了关键角色,并引发了重新整合总署的法庭命令。而且,在1996年,德蒙斯成为旧金山第一位非洲裔消防署长。

德蒙斯的故事揭示了存在但看不见的复杂性。在担任旧金山消防总署署长驾驶员期间被当作隐形人,他的尊严受到损害。但由于大人物们总是忘了他的存在,德蒙斯学到了许多日后帮助他获得权力的知识,并最终彻底击败了那些藐视他和其他少数民族的坏家伙(不仅仅是非洲裔美国人,他的行为为更多妇女、亚裔和西班牙裔消防员的出现创造了舞台）。

人肉盾牌

这个想法是寻找"阻挡者"，他们能够、愿意，甚至乐于承受其他人本来会施加于你身上的欺凌。有很多种人都乐于从坏家伙或者其他此类难以相处的人那里承接火力。我在《好老板，坏老板》里写道，尽管欺辱、打断、混乱和其他不好的事情总是会从"金字塔"顶端滚下来，绝大部分组织的设计宗旨都是由管理层来保护"组织的核心工作免受外部不确定扰动的影响"。这意味着，"好老板会很愿意承担人肉盾牌的职责，吸收和反弹来自上级和顾客的活力，接过所有无聊和愚蠢的任务，和每个白痴战斗，不让生活的不公平和不易在他的统治下超出必要的程度"。

所以，你可以找到有意愿有能力的老板，来保护你免受坏家伙和白痴的侵害，从而减少你自己与他们的接触。好的CEO 能保护部下、客户和投资者免受董事会坏家伙的侵害。记得我在第一章开始就提到的那个硅谷 CEO 吧？那个询问如何对付无能和卑鄙的董事会成员和充满讨厌的董事的董事会的CEO。我们喝了一杯酒，好好谈了谈这一挑战。他在前一家公司也是首席执行官，上面有一个傲慢、固执的"董事会成员"，他称之为"谋士"。这位董事不断地提出新的思路，从企业战略、人力资源，到截然不同的产品设计。他经常要求 CEO 的管理团队实现他的想法或至少投入相当多的时间来评估这些想法——即使这样做会在全公司造成不必要的分心和压力。在这位 CEO 看来，他的大多数想法都是糟糕的。他有时候会贯彻这位董事的想法中或多或少有点好处的点子（"偶尔丢出块美味的骨头安抚一下他"），但一般会扭曲、拖延，必要时甚至会和他争吵，以保护部下的身心健康和公司的业绩。他特别会忽略或拒绝这位"大人物"要求与部下一对一面谈的要求。这就是你所希望得到的"人肉盾牌"。

同样，我与一所著名大学的运动医学主任交换了多封电子邮件，他就以从粗鲁和报复成性的高级管理人员手下保护部下而自豪。他提到了一些对于如何成为有效盾牌的好办法："我总是告诉部下同一件事：我的工作是为你们打伞，让上面的麻烦事不会砸到你们；你们的工作是尽量让我不要用这把伞。"正如我在 2010 年《哈佛商业评论》中所写的那样："他谨慎地选择自己的战斗——如果他形成了习惯抱怨的名声，甚至更糟糕的结果：被解雇，他就没法保护任何人了。所以他会要求部下尽量避免触犯或违反大学里那些陈腐的规则和程序，或触怒大学官员，除非这种行为危及业绩或尊严。"

老板、公司、政府机构、工作团队和运动团队，以及受邀或主动加入的网上小组成员——有时候甚至是外人，都可以充当"人肉盾牌"。作家汤姆·沃尔夫描写过一些公务员身上的保护性力量，这些人被他称为"防弹捕手"——愤怒而可怕的选民冲到他们面前，坚持要求见到旧金山的市长，他们却能够引开、屏蔽甚至冷却这种火力。正如堪萨斯大学的保罗·弗里德曼所说，"防弹捕手"就像"避雷针"和"麻烦处理高手"一样，能够承受和吸收"不满的人传递过来的震动"。承受这种火力，是接待员，行政助理，保安，公司、大学的一些工作人员，投诉部门工作人员和保镖工作的一部分。

熟练的牙科助理也扮演这个角色。2013 年一项对近 2000 名芬兰牙医的研究发现，当他们与牙科助理密切合作时，牙医就可以减少在顾客面前遮掩情绪的压力，表现更佳。研究者认为，其中部分原因是熟练的牙科助理（他们总是在牙医之前先见到病人，见到病人的频率也更高）能"缓冲"那些难搞和苛刻患者带来的压力。换句话说，他们接过了病人发射的炮弹，并加以冷却，省去了牙医不得不处理它的麻烦。

"麻烦处理"是其他这类角色的更明确的部分。我采访过一位迪士尼高管（他要求匿名），他形容迪士尼乐园客户关系部的雇员或"演艺人员"为"全职处理问题的高手"；迪士尼乐园的官方口号是"地球上最开心的所在"，这是个非常苛刻的要求。当客人粗鲁、愤怒、大声咒骂或明显心烦时，"演艺人员"们不仅要试图使他或她平静下来，还要善于减少这种"非迪士尼"的怨恨和痛苦在其他客人面前的出现。这位高管强调，"演艺人员"被告知应当把不快乐的客人和别人分开，这是很关键的，因为消极情绪是如此具有传染性。"演艺人员"会把沮丧和愤怒的客人带到不那么热闹的公园角落和他们交谈；变得特别疯狂的客人会被带到迪士尼乐园大街上的市政厅中的"降温室"——这样他们就可以讨论、发泄而镇静下来，还不会影响其他人的心情（市政厅同样也是受理投诉的部门——所以那里可能是迪士尼乐园里最不开心的地方）。

最后，您可以与同事协作，在接触坏家伙程度不同的角色之间互换——这样，用滚石乐队的话来说，你们每个人都能拿到"被欺压（和救济）的公平份额"。有时，交换位置可以变成标准程序——但要小心那些不公平的程序，特别是对你不公平的那些！回想一下，在迈克尔·安特比和柯蒂斯·陈进行的关于运输安全员（TSO）研究中，公开政策是安全员可以每隔30分钟在不同的岗位上轮换一次——既可以不那么无聊，也因为有些工作（如搜乘客的身）需要接近乘客或者容易以某种方式令乘客恼火。他们的研究还显示，女性安全员被分配到难搞和麻烦者密集岗位（尤其是搜身任务）的频率往往比男安全员高——他们的上级有时还会处罚那些试图休息更长时间的女性。所以当心点，无论是加入、支持或者设计这种不公平的制度，都意味着某些人得到的放松会比其他人更多。

　　你也可以和其他人达成非正式协议，这样每个人都可以（或多或少）得到公平份额。许多律师、会计师和管理咨询顾问告诉我，他们会轮流对付难搞的客户。一位顾问对我说："嗯，这个夜晚该我晚餐时坐在我们那位堪称十分糟糕的大客户身边了。"同样，餐厅人员也可以换着接触那些糟糕的客户。当我十几岁在帕洛阿尔托一家现已解散的名叫 MBJ 牧场房间的披萨店工作时，一个令人讨厌的被称为"疯狂玛丽"的酒鬼经常在晚上 8 点左右出现。她说话的时候骂脏话、咆哮、吐痰，她会用一辈子的时间来点餐，然后还要不停抱怨——分量太少了，价格太贵了，披萨上面酱太多了。我们谁也不想为"疯狂玛丽"服务，但总得有人来。我的同事阿尼想出了一个公平的解决办法：她走进来的时候，我们两三个人在厨房快速地用"剪刀石头布"决定；失败者负责接待玛丽和她那晚的所有抱怨。

安全区

　　著名社会学家埃尔文·戈夫曼描绘的日常生活类似剧院：我们都有自己公开"自我介绍"的角色要扮演，但也像剧院一样有"后台区域"，我们可以在那里准备、隐藏，或从舞台表演的需求和悲伤中恢复。扮演各种角色的人会需要"后台区域"，以减少他们与坏家伙和其他讨厌人物的接触，从此前的接触中恢复，为未来的遭遇做准备，并给予和接受同伴的支持。

例如，"护士休息室"就提供所有这些功能。当同事丹·丹尼森和我一起在密歇根一家医院花了一周时间观察和采访手术室护士，我们所看到的和听到的与研究共同表明，护士是遭遇欺辱最多的职业之一。他们被指责、侮辱、施压和轻视，伤害来自所有人，包括病人、病人家属、其他护士、医院管理层，当然还有医生（特别是外科医生）。我们发现有一个外科医生为了从后面掐一位女护士，居然追到了医院大厅，此后我们就称之为"鹅大夫"。丹和我在那次事件后试图跟着几个护士到休息室去和他们谈谈"鹅大夫"的事情。他们清楚地向我们表明，除了护士之外，没有人能进入护士休息室——医生不行，管理者不行，当然研究学者也不行。"后台区域"有时会像护士休息室那样成为私密区域。例如教师休息室，为人师表者可以在这里摆脱学生，得到放松和恢复；"绿色房间"（通常不是绿色的）是将电视节目嘉宾和其他表演者与观众分开的房间；还有迪士尼乐园市政厅那个"冷静室"，它特别符合戈夫曼的戏剧比喻。迪士尼把"客人"访问的地方称为"舞台"。当"舞台"的"演艺人员"如门卫和骑手，以及像米老鼠和白雪公主这样的"表演者"都必须待在角色里；他们只被允许在"后台"做吃东西、和同事开玩笑这种事实上是非角色的行为。大多数"后台"区域都是只有迪士尼员工的，只有那个"冷静室"是个例外。

客人可以在东京四谷三井花园酒店租用的"哭泣房间"是特别能说明这种情况的，这是一个用于从困扰中放松和恢复的空间。这些房间被设计成年轻女性客人的庇护所，她们可以用"把眼珠子都哭出来"的方式"减压"——这是 2015 年一个酒店发言人对《时代周刊》说过的；大约 85 美元，你就可以在这些特殊的房间得到"充足的纸巾"和"温暖的眼罩"，以及许多动人的电影。

其他"后台"区域并不是专用的"安全区"，而是用于此目的。服务于本地的咖啡店或酒吧，总是能成为逃离各种职场坏家伙的避难所。走廊、消防通道和饮水机也可以被当作后台区域。我的一个飞行员朋友告诉我，在长时间的飞行中，空姐有时会一起待在休息室里，在一定程度上是为了让自己得到几分钟的放松（通常是疯狂抱怨某些坏家伙，喝醉的，要求特殊待遇的，或超出忍受范围的性骚扰的）。

虽然吸烟有害健康，但一些人会通过抽烟来休息。抽烟休息不仅仅让这些人获得放松，也往往充当临时后台，让他们从身边的坏家伙中解脱出来放松一下。例如，我和斯坦福大学的博士生华金·里昂曾一起共事，他为中国两家设计公司完成过非常有深度的民族志。但华金发现，设计者特别容易在抽烟休息时在办公室外聚成小组，处理与苛刻、粗鲁、没有安全感的客户的问题。华金这辈子都没有抽过烟（现在也不抽），但为了能在这种时刻融入团队，他学会了抽烟。

虽然这不是华金研究的重点，但他在抽烟休息这种"后台"时间和地点听到了不少针对职场坏家伙的抱怨、建议和玩笑。华金还和我说到了一个特别讨厌的客户，他把设计师当作"他自己的仆人，只要他高兴，任何时候都应该随叫随到"，要在任何时候都第一时间对他的电话和邮件做出回复，"无论实际是否那么严重或必要"。华金观察到，"在休息期间，如果这位客户发来短信，项目经理会读给大家听，然后大家会打赌，看收到同样内容的电话或信息的时间是在午饭前、下午茶时间，还是本次休息时间结束之前。这就好像你根本无法真正躲开，只能在短暂的休息时间开几个黑色玩笑放松一下，也以此作为象征性的抵抗，免得让自己过于痛恨这种处境"。

最后，社会学家斯潘塞·卡希尔在南佛罗里达州大学领导的一个有趣的——同时也是毛骨悚然的——以洗手间为后台的研究。卡希尔和五个助手花了超过 100 个小时观察人们在商场、大学、酒吧和其他公共场所的公共洗手间的行为。除了厕所本身提供的正常生理性服务之外，卡希尔和他的学生们发现，洗手间为人们提供了不被讨厌的人和环境打扰的临时避难所。正如他们所说："一旦单间里的门关闭，这就变成私人空间，能从公众生活的要求中撤离，即使只是暂时的。"

除了是一个可以"让个人保持良好状态"的地方之外，洗手间也为那些感到被职场坏家伙伤害的人提供了一个恢复和镇静的避难所。我们在文化上的刻板印象是，洗手间是女人哭泣的地方。卡希尔则提供了玛格丽特·阿特伍德小说中的一个女性形象，她和朋友们坐在酒吧里，意识到自己正在哭泣后——"把自己锁在一个豪华卫生间里痛哭了好几分钟"。卡希尔同时也说明了洗手间是怎么成为集体性的逃离和恢复之所的，尤其对女性而言。

并不是只有女性才逃到洗手间去稳定情绪。2009年，高盛的CEO劳埃德·布兰克芬对《纽约时报》介绍自己早年的职业生涯时就说过，当年他领导的小组损失了很多钱，于是他去找老板提出解决方案，老板说他的方案不错，还给了他一些意想不到的建议：

"我转身准备走出房间，他说：'劳埃德，等一秒钟再走。为什么不先去洗手间给自己脸上拍点凉水呢？如果大家看到你这么绿着脸走出去，他们会想跳楼的。'"

从关于"后台"的研究和故事中我们能得到的生存教训是，找到一个"安全屋"，作为自己和其他人的临时避难所，对于减少接触和恢复斗志是很有帮助的——如果找不到，就自己造一个。

早期预警系统

那些有过很多与坏家伙争吵经验的人，经常会联合起来准备迎战未来的麻烦。包括装配工人、工程师、美军军官和牧师在内的我的读者们多次向我介绍，当已经确认坏家伙就要到来的时候，短信、邮件和悄悄话是怎么开始四处传播的，这样大家就可以做好准备，或躲或走，或设计安全的应对策略。其他人也想出了许多办法来提醒大家客户、巨星或者老板的心情到底好不好。有时老板的行政助理的职责就是在老板情绪不好时，（应避免或小心处理）或者感觉乐观（这是拜访或提出敏感话题的好时机）。

让我们看看乔纳森·奥恩斯坦因的例子。2007 年，这位以反复无常著称的梅萨航空公司首席执行官出现在《纽约时报》的报道中，标题是《接近你的上司时要小心》。《纽约时报》形容他是个"吵闹、反复无常、无礼，根本不会从其他角度听取意见"的人。他的前助理史黛西·希思称，他大约有六成的时间都情绪不佳。作为他的助理，她的任务就包括了跟踪其情绪状态，提醒其他人开会时和上司保持距离。当希思被提拔到管理层之后，她开始以同样的理由给奥恩斯坦因的新助理打电话："他们会打电话问：'他心情好吗？'我曾经因此大笑，但我现在也这么做了。"

你也可以为挑剔的客户开发自己的预警系统。我最喜欢的方式来自一名在苏联一条国境线上工作的前交通协管员。当他或他的同事在第一个或者叫"初级"检查站遇到无礼的旅行者时，他们在文书上这样标记：

他解释说："这可以保证后续检查站应对这位旅客的水平。当然，如果有人问到为什么表格上会有这个记号，我们会说这表示这位旅客受过检查了。"

随着社交媒体的兴起，警报系统变得越来越复杂。OpenTable 是一家在美国很流行的互联网餐厅预订服务提供商，顾客不仅可以在上面评论菜式，餐厅工作人员也可以给顾客做记号。除开其他动机之外，这可以警告他们的同事小心即将到来的坏家伙。在丹尼·梅尔的联合广场餐饮集团也是如此，这家集团拥有包括联合广场咖啡馆、谢来喜酒馆、蓝色烟雾，爵士乐标准、现代餐厅、Maialino 意大利餐厅、无题餐厅在内的许多优秀餐馆，2012 年 8 月，Grub Street 网站报道了其工作人员在 OpenTable 广泛使用"能说明对方是哪种顾客的守则和记号"。例如,"以 S.O.E 标记,意味着他们有'权利意识'。"丹尼·梅尔运营部门的一位知情人士告诉 Grub Street,这家公司是一个"美好帝国",致力于服务好每一个客户,但"如果你对我们来说是一个麻烦,我们会把它记下来,然后给予你相应的待遇"。2012 年 9 月,《纽约时报》上的一篇文章《餐馆有多了解你》也提到,许多餐厅使用 OpenTable,"声名狼藉的顾客往往被打上标记以小心应付。如果你的个人资料中有许多特殊标记,你的晚餐很可能会和别人的不一样"。

创造属于你的"回避技巧"

每一种回避方法都可以帮助人们减少与那些藐视他们的人接触,反过来,也会减少"感染"和传播这种病毒的风险和伤害。然而,这里的方法是以各种不同的方式为大多数人的大部分问题提供放松和保护,有的技巧会起作用,有的不会。我也希望我能想出一个全面的可以适用于每一个问题的电子列表,就像飞机飞行员每次起飞前使用的那种一样。坏家伙们捣乱的方式和场所如此繁多,以至于每个问题都需要特别定制应付办法:需要构思出一整套办法,要考虑到你的困境,你的优点、缺点和目标，以及你未来回想起来时想要的感觉，这种办法只能你自己想。

这里有一个某位 CEO 想出来的方案供你参考。她的目的是减少与一个麻烦人物接触，并对他的谩骂施加那么一点点控制。她在一家小型软件公司担任首席执行官的时候，为一位永远都在咆哮和咒骂的董事会成员头疼不已。他是如此粗鲁，以至于这位 CEO 会竭尽全力避免与他面对面交流。相反，正如我告诉《福布斯》的，她安排定期的电话会议，然后"她按下静音键后开始做指甲，"让他的音量降低，并"每隔三四分钟检查一下他是不是还在吼叫"。过一会儿，这位麻烦人物就会喷完大部分毒液，冷静下来一点，她就可以展开一次正常和具有建设性的谈话了。

在她的故事里，你能找到我已经讨论过的回避策略——疏远，躲避，特别是放慢节奏。我喜欢她对静音和音量按钮的使用，这甚至比径直离开糟糕的会议更好。现代科技（我指的是电话）让她可以与一个"低分辨率"版的麻烦人物打交道，这样她可以略过他愤怒的冷笑和脸红脖子粗，也不用看他脸上暴起的青筋。她却可以脱下鞋子，把脚翘在桌子上做指甲，这套仪式让她平静下来，把注意力转移到别的地方去。静音按钮和做指甲的组合不仅缩短了痛苦的时间，降低了强度，也帮助她从情绪上摆脱了糟糕的处境。我在下一章中会更深入地探讨情绪脱离和其他"保护心灵的技巧"。

现在，让我们专注于这位首席执行官所带来的重要教训。本书提供了许多关键元素，你可以用来创造最适合你自己的生存策略。我同样也提供了许多故事、研究和解决方案，如果你觉得被坏家伙困扰，他们可以让你知道你不是一个人，让你知道有保护措施可以用，让你知道对大多数人来说，生活可以变得更好。但这需要针对你所面对的特定对象开发、尝试和努力运用你自己的生存法则，这都取决于你，也许还有那些能帮助你的人。就像那位聪明的 CEO 所做的那样，有时可以安排定期电话会议以取代面对面谈话，按下静音按钮，涂指甲。

9 项职场互动策略

1.遵循艾伦曲线。你能使身边的麻烦离你更远点吗？正如麻省理工学院的汤姆·艾伦展示的那样，即使只远 3 米也能帮上大忙。如果你可以想办法让他们搬到一些新地方，另一栋楼或者别的楼层，几乎和把他们赶到另一个国家一样好。

2.看起来很近，其实很远。如果你必须参加聚会或者被迫接近那些坏家伙，你能离他们再远几米吗？找个不需要和他们做视线接触的地方，比如坐在餐桌的同一侧，但有多远躲多远。

3. 闪避和躲开。你能避免与那些令你作呕、让你狂躁的人相遇吗？你能想个办法令自己在他们出场的时候待在家里或在路上吗？只需要在你无法逃避的社交场合晚到一会儿，或早点退场就好。

4. 放慢节奏法。你是否觉得与某个每次都以让你不开心为乐趣的坏家伙的关系已经摆脱不了了？如果真是这样，你是否可以把节奏放慢一点？尝试以尽量晚些对那些讨厌的短信和电话做出反应，这能减少他从中得到的乐趣。同时尽量减少和他接触。

5. 隐形斗篷。你被困在一个充满了坏家伙的环境里吗？那些权力在握的上级、客户或普通人看你就好像是隐形的一样——除非你真的犯下了真实或幻想中的罪恶使他们往死里骂你，也许这种隐形能让你拥有保护性的伪装。你也许可以躲在背景里，只需要尽量少说话，变得无聊，工作做得既不好也不坏，发言也既空洞又乏味。

6. 坏家伙阻挡者。你能找到一个帮你阻挡他们攻击的上司吗？或者慢慢训练他或她这样做？或者你可以找一个"防弹捕手"，一个能够代替你与粗鲁卑鄙的顾客、职员或普通人缠斗的人吗？

7. 紧随合作伙伴。你能设计一个正式的或非正式的轮换制度吗？这样每个人都会接触到同样多的坏家伙或很容易遇到坏家伙的任务，每个人都能得到同样多的咒骂（和休息）。

8.去后台临时放松。找到并使用"安全区"，这里不允许那些坏家伙进入，这里你的心灵有时间从上次的受辱中恢复过来，并准备承受下一次打击，这里你能对其他受害者表示同情和支持。它可能是一个专门的地方，像教师休息室、星巴克或酒吧，或者它也可能只是一条安静的走廊，或附近的一个公园。

9.激活预警系统。与同事一起为所有靠近的坏家伙发出警告——这样你就能躲开他们，保持行为规范，引导他们远离那些会引起他们鄙视或愤怒的人和地方，或许可以准备反抗折磨你的人。谨慎使用电话、短信、电子邮件或社交媒体，可能会起到作用。

五、9 项心理战术

还记得吗？那个在第二章里作为西点军校"新生"的贝基·马吉奥塔，为了从无止境的折磨中生存下来，反转了自己的想法。让我们更深入地了解一下她是如何减少痛苦的。

在入校第一年的某一天里，贝基因为没能复述当天《纽约时报》头版上的所有新闻，而遭到了几个高年级学生的嘲笑（这是一种很常见的"错误"）。他们站在"离我 5 厘米远的地方，对着我尖叫"，说她无论作为平民还是专业人士，都失败透顶。贝基那天顿悟了。她不再把这种辱骂当作私人矛盾，而是开始认为这些"喷到脸上"的滑稽动作"非常有趣"。她不再担心游戏被操纵，不再担心她是注定遭到持续羞辱，不再担心她有失去冷静进而失去必要的"军人风度"的风险。

相反，她更注重的是这些高年级学生欺负新生时，是不是富有趣味。贝基对他们的"机智和技巧"印象深刻，可以说，当它们是针对自己的时候，她已经不那么慌张了。有时候贝基会发现他们的侮辱、嘲弄和小惩罚是如此滑稽，以致她抑制不住自己的笑声，这倒使她更麻烦些（他们尖叫着说："什么事这么好笑？""这不是在开玩笑！"），这只会让一切看起来更有趣。

贝基的处理办法是"重塑"他们的行为，让它那么令人生气和具有威胁——这就是实行认知行为疗法的治疗师（以及许多研究者）的做法。认知行为疗法是治疗心理健康时应用最广泛的循证医学办法，其基础是经历重构可以以破坏性的方式塑造病人的情绪和行为。宾夕法尼亚大学的朱迪思·贝克解释说，这种疗法有助于患者以不同和更积极的角度看到自己的经历。这使他们感觉更好，愿意参与更多建设性的行为。治疗的一部分需要推动患者将以前的困难和忧虑构建成不那么令人沮丧的事，甚至要想成是好事。社会心理学家和其他研究者表明，将那些令人不安的事实或痛苦经历重构（或"重新评价"）为更积极的一面，能起到减轻痛苦的作用——虽然不是什么时候都有效。例如，同样的经历被描绘成一个有趣而令人兴奋的挑战，或者是令人沮丧的威胁，可以改变人们的感受和随之而来的表现。

来自纽约大学的亚当·阿特尔及其同事对此进行了很棒的研究，他们帮助北卡罗来纳的小学生和普林斯顿的大学生进行重构，结果发现这两组中的非洲裔学生在同样的数学测试中表现迥异：如果以挑战性的问答形式（比如有趣和充满智力刺激的）会增强他们的信心，把他们的注意力从非洲裔美国人那负面的文化印象上和没什么优势的教育背景上转移开来（研究显示，如果非洲裔学生对这种刻板印象过于注意，他们的学习能力、自信心和课业表现都会受到影响），他们的信心就高很多；如果以具有威胁性的方式（要借此展示出他们"现在"有多聪明，或借此评估他们的基本能力），他们的信心就差很远。

重构是对职场坏家伙的共同防御。海法大学的达纳·亚基尔和她的同事们对 225 名以色列雇员进行了调查，询问他们如何处理羞辱性行为。他们试着采用重构方式比如"我说服自己，这是一个不重要的小事情"，然后发现这是被口头辱骂的雇员保护自己情绪的主要策略之一。同样，一家西班牙电信公司的研究发现，如果被欺负的员工采用"心理超脱"的办法积极回想更令人愉悦的事物，并在非工作时间"关机"，他们所受到的情绪伤害（比如不快、压抑、失眠）会更少。这些得到超脱的员工也不那么痴迷于施行报复——更不愿意从羞辱、嘲笑、造谣的老板和同事那里报复回来。

本章将深入解析重构策略和相关的"心理战术"，它们甚至可以在你无法或不能逃离时提供保护、减少接触，或与困扰着你的那些"臭虫们"战斗。改变你看待人和事的方式就像穿上一件防弹衣，保护你免受伤害。大多数这些窍门在你与朋友、教练、老板、同事或其他受害人联手时效果最好，大家可以共同发展出能对你和同一条船上的其他人有用的"框架"。当你单干的时候，这些窍门仍然有用。但当你可以和你信任的其他人建立这样的"框架"，他们可以证明你不是疯了，你是真的被困住了。当野兽和暗箭伤人的凶手都在采取行动或你的自信动摇时，你的盟友可以帮你渡过困境，你也可以反过来帮助他们度过同样的艰难时期。

一家美国政府机构的雇员援助顾问，在给其受援助的受欺负雇员提供的建议中，充满了重构的建议——以及有人伸出援手一起重构——的威力。这位顾问写信给我说，他的工作是"为了帮助受到坏家伙的骚扰的人们"，还概述了他遵循的三个关键步骤：

1. 他建议受辱骂的员工"参加调查"，与同事交谈以确保"管理者"不是只针对他或她。这些与同事的谈话是至关重要的，因为如果经理对其他所有人都同样恶劣的话，大家就可以停止"责怪"自己了。

2. 如果冒犯你的经理实际上对每一个人来说都是坏家伙，这位顾问会问："你为什么会在他按照你设想的方式行动时感到沮丧和焦虑？"以及"为什么会因为一个坏家伙做了坏事而沮丧呢？"

3. 如果员工确信"是的，这是一个坏家伙"，这位顾问会鼓励超然战术——这是我已经提到过的重构战术之一，后面还会深入介绍。他最喜欢的超然战术之一是鼓励员工把自己当作一场比赛的旁观者或观察者，而不是一个参与者，比赛的目标则是预测坏家伙的下一步行动。他解释说："员工通过观察事实和预测结果来控制自己得到的经历。我的客户常常很高兴地告诉我：'我就猜到他会那样做，他确实这样做了！'"

以上每一步都需要我们帮助沮丧和焦虑的员工改变他们对目前状况的定义，而不是改变状况本身。此外，员工会相信他们的新定义，因为这定义是通过与顾问和同伴的多次对话形成和维持的。在人们向彼此求助时会发现，他们并不是一个人，有错的也不是他们，这就足够了。他们会发现同事也正在努力与坏家伙相处，或者赢得与坏家伙的生存竞争，这会令他们感到充满希望，相信自己也能做得到。

现在让我们来探究一些能保护你心灵的特殊的心理战术。

这不怪你。在前面提到的那家美国政府机构工作的员工，在说服自己不应该为这类行为负责后，受到的伤害明显减少。就像那位援助顾问建议的那样，他们没有理由因为"为什么要在乎一个坏家伙做的坏事？"而责怪自己。认知行为治疗师称，这是反转或抑制破坏性的"个性化"："你还没有考虑其他更合理的解释他们表现消极的理由，就相信别人是因为你而如此。"

斯坦福大学琴斯·布莱切特和他的同事们的实验，证实了这种重构的保护性力量（他们称之为"重评"）。他们向斯坦福大学学生展示愤怒的人的照片，然后给他们几分钟的重评训练（如"想象一下这个人并不是对你发脾气，只不过是这一天过得不开心，或者刚刚和老板吵了一架。"），然后再看其他有关愤怒的人的照片，学生们的情绪再也不会像第一次看到此类照片一样而受到打击。相反，那些没有受过这种"这不是我的错"重评训练的学生，会继续因为看到这种照片而心情沮丧。琴斯·布莱切特作为治疗师和研究学者的天赋在2011年接受《每日健康新闻》关于这项研究应用的采访时就展露无遗。他认为："如果你受过重评的训练，知道你的老板经常心情不好，你可以为此做好参加会议的准备，一旦老板'大喊大叫'，你的反应将不那么消极，事实上，你可能完全没有任何消极反应。"

监狱看守也使用类似的策略，来对付囚犯的侮辱和威胁。两位我此前已经提到过的研究人员凯蒂·德塞莱斯（曾建议"不要和疯子硬碰硬"）和迈克尔·安特比（与柯蒂斯·陈一起研究TSA雇员），曾联手研究美国州立监狱惩教人员的情绪反应。他们对113名惩教人员的采访和观察显示，"那不是针对你个人"是他们用来减轻心理压力的关键心理战术。把囚犯视为人类，而不是笼中动物；做好准备带着同情心对待他们，而不是以残忍或冷漠的方式。

德塞莱斯和安特比发现，"这类保护行为在他们受到蔑视、侮辱和威胁时特别灵"。一名惩教人员告诉他们："好的，我一直尽量不把事情看成是对我的人身攻击"，他想"退一步"，把囚犯的侮辱和愤怒理解为"他们并不是攻击我"。相反，他把他们的怒气理解成"每天都能看到的，日复一日的"对权威人物的冒犯，而不是把他当作引起他们的愤怒，或者理应为他们的困境负责的人。

最后，关于这个"非个性化"或"这不是我的错"的防御手段应该有所警告：正如我在第七章中说过的，很多人为一些问题火上浇油，或者本身就是问题，但他们仍然责怪别人。当然，即使你本身行为不端，说服自己是一个很有魅力的人也可以保护你的精神健康。然而，这种否认可能会反过来伤害你自己。你的糟糕行为可能会吸引和培育其他坏家伙，然后他们可能会把火力转向你。正如我曾警告过的那样，像对待尘土一样对待别人也是有风险的，因为你制造了会等待适当时机报复回来的敌人；在许多社交网络和组织中，格劳乔·马克斯那句老话"时间能伤到所有人"说得很准。

淡化威胁。这个"没那么糟"策略，需要首先承认你身处险境，但不会像你曾经那样把坏家伙们想得那么邪恶和有害。这是贝基·马吉奥塔在西点军校运用的技巧的一部分；看到高年级学生使坏的有趣一面，她令他们的指责和惩罚对自己心灵的威胁大幅降低。

　　熟练的治疗师和领导者会做一些类似的事情，来帮助客户和部下分辨他们的头脑中那些不真实或夸张的破坏性想法；帮助他们以更加积极（或者至少不那么消极）的姿态观察他们的处境。在认知行为疗法中，当病人患上了"隧道视觉"或"心理过滤器"症状后，他们会习惯于持续关注于身边事物的消极方面，治疗师就要与病人合作以改变他们的想法。他们帮助病人提出质疑，然后改变他们贴在自己或者其他人身上那似乎永恒不变的破坏性标签，尽管"更合理的证据会导致不那么灾难性的结论"。

　　如果你正在和坏家伙相处，或帮助别人这样做，这样的重构可以为你提供保护。当我在第四章中对电话账单收款员进行研究时，我了解到收款员常说诸如"没什么，我遇到过更糟的"的话，以减轻他们或同事身上源自粗鲁欠债人的痛苦。在课堂训练之后，我花了一整天在那里观看和聆听，然后在一位有经验的收款员的指导下自己打电话。有一次，我被一个唐突的债务人吓了一跳，他抱怨我在他吃饭时打电话来，抱怨我花了很长时间才说清楚意思，抱怨我对他的骚扰超过了极限，抱怨他只漏了一笔钱没付。在这个电话后，那个有经验的收款员帮助我完成了对此经历的重构，他解释说我多做几次就会明白，这位债务人并没有羞辱、大叫或咒骂我，他听起来很恼火也是个很好的迹象，因为这意味着他的沮丧情绪会让他付款（但不至于沮丧到拒绝支付）。他说，这差不多是打电话能遇到的最好情况了，债务人接电话，并不令人讨厌，最后还支付了账单。

后来我看到有经验的收款员常常遇到愤怒、不诚实或不知所谓的债务人，他们会告诉同事们"这没什么"，并讲述与远比他们更疯狂或残酷的欠债人之间的战争故事。这些故事不仅帮助同事冷静和放松下来，讲述这些故事本身还制造出了"社交胶水"效果，将收款员团结起来，愉快起来，让他们能有机会嘲笑债务人及他们自己，分享工作经验，还能让自己有机会吹牛。

有一位城市规划部门的经理，他在预算危机期间做了裁员，引发了一次丑陋的"坏家伙中毒事件"，尤其是几个心怀不满的工作人员，持续"发射"怒气、侮辱和谣言。这位经理招募了一位资深的政府机构领导人，他要做的本质上就是在部门内进行一次重构性的部门干预。这位领导人与每个人进行一对一的交谈，然后把他们都集合起来开会。他一开始就说："让我直说了吧。我和他们都见过面，你们的管理层还没有你想象中的一半那么坏，也没有他们自己想象中的一半那么好。"他还说，从经验中知道，"你们中会有一到两个坐在房间最后的人，双手抱胸，不管我们说什么，最后都要扔石头过来。"

被困扰许久的经理解释了这种重构在两方面起到了作

用——它告诉员工，他们的经理并不是那么糟糕；对经理们来说，员工也不是那么糟糕；两方面都缩小了麻烦的程度。这个例子同样说明了重构是怎么改变人们的行为——而不只是改变对局势的看法的。这位经理说，这位领导人的重构不仅令房间里的所有人不再感觉受威胁，也指责两个阵营里的坏家伙，让所有人开怀大笑，更容易进行交流。

关注好的一面。这种心理战术需要自己承认自己的处理方式太烂了，但重点是放在积极一面——放在你从那些坏家伙那里收割到的好东西上。这是一个"这不是真的那么坏"重构的变种。

这确实能让你心里好受一些。例如，记者安德烈·博容就在 2014 年为波因特研究所的网站写过一篇有趣但又有点令人困惑的小短篇，其中问道："为什么记者回忆起粗鲁的编辑时都是满怀深情的？"他把这个问题甩给了他的同事吉尔·盖斯勒。除了点出某些记者会从挑剔和严格的编辑手下活下来之后产生的类似于兄弟会和女生联谊会的自豪感之外，她也点出了两个闪亮的点。

首先，幸存者强调了，他们从这些麻烦上司那里学到的重要教训。用盖斯勒的话说："事实上，所有的粪便下面都有一匹小马。小马很聪明，会教他们一些技巧，令他们变得更好。这就是经理们从他们那些粗鲁（但不是不诚实）的行为中得到的特殊学分的原因。"其次，那些讨厌的编辑有时会给年轻的记者增加一点点信心，这种在残酷海洋中找到一个小岛的感觉是非常非常好的。正如盖斯勒所解释的，"当山谷中最恶毒的人告诉你：'孩子，如果你把你的脑袋从你的屁股下拿出来，你真有可能在这一行干出来。'有些孩子会觉得自己很特别，然后就坚持这样做。"

超越它。美国前第一夫人米歇尔·奥巴马在费城举行的2016 年民主党全国代表大会上的讲话，就使用了这种重构技巧。奥巴马女士描述了她和奥巴马总统是怎么向他们十几岁的女儿玛利亚和萨沙介绍"他们从电视公众人物那里听来的可恨的话语"的。她说："我们解释说，如果有人很残忍或表现得像个坏家伙，你不要把自己降到他们那个层次。不，我们的口号是，如果他们很粗鲁，我们就要提升。"

就像前第一夫人和她的丈夫为保护他们的家庭免受每一位美国总统都要面对的无情羞辱和指责时所做的那样，这种心理战术需要告诉自己和你所关心的人，坚持提升自己的道路，拒绝屈服于折磨你那个人的水平——如果你这么做了，意味着你比其他下等人更高贵。这种方法不仅可以帮助受害人从优越感中感到自豪，以这种冷静、文明甚至温和的方式反馈给对面的坏家伙，你被拖入一场因为互相敌视导致的恶性循环的大战的风险也小了很多。

　　这不仅仅是政治家和他们的家庭可以使用的策略（我希望更多人会这样做）。这是菲尔兹咖啡（Philz Coffee）的咖啡师训练、成型和接待客户的核心做法。菲尔兹是一个总部设在旧金山，拥有 30 个店面的连锁店。当我与首席执行官雅各布·加贝尔交谈时，他说菲尔兹致力于热情对待客户，以"为每一位客户的口味打造完美的一杯咖啡"，而在这种体验和美妙的咖啡之间创造一种"满杯的爱"。雅各布坚持说，咖啡师即使对粗鲁的客人也要表现友善。他解释说，有时候客人会意识到他们表现很差，然后也友善起来。甚至他们有时会道歉。无论如何，对粗鲁客人保持友善，是菲尔兹的咖啡师自豪的来源之一——能够抵挡被降到坏家伙的水平并用"坏的氛围"反击的诱惑。正如雅各布所说的，当客户是个坏家伙时，他也只是告诉咖啡师："对他们友善一点。去他们的，但要友善一点。"

　　和雅各布谈过之后，我很想知道他的雇员们是怎么看这些客人的；毕竟不能只是因为 CEO 说了些什么，就认为它反映了工作在一线人们的做法和感受。我找来了迪安娜·巴蒂扎得甘（我以前的学生和研究助理）来采访几位咖啡师、一位值班经理和一个门店经理。迪安娜在旧金山的两家菲尔兹门店与他们会面，每个人都为不同客人服务，包括年轻的技术工人、银行家和律师、无家可归者、游客、大学生和青少年。

　　迪安娜被她看到的一切惊呆了，每个菲尔兹员工都竭尽全力地展示着"这份工作的全部意义，就是让'别人的生活变得更好'——不在乎这个人是多么垃圾"。菲尔兹员工有很多关于这种充满攻击性的客人的故事——控制狂（"他们甚至看不上当天早上他们自己刚刚费了很大工夫才弄出来的'我说了算'的大拼盘"）、神经质或强迫症类型（"谁想要一个超级特别杯"），还有最糟糕的古典型（"那种认为自己比你强的人"，因为他们更有钱或者工作更好）。每个员工都重复那句口头禅，那句他们赖以生存和用以促进在菲尔兹的同事的口头禅，那句在面对讨厌的顾客时起到保护作用的口头禅："用善意杀死他们。"

正如雅各布·加贝尔所暗示的那样，他的员工们非常自豪地坚持更高级的道路，将失去冷静视为不专业。他们也为涉足拯救陷入困境而濒临失控的同事感到自豪。一位值班经理总结了这种集体奋斗、努力保持高端道路的态度："我为什么要对一个要求得到完美咖啡的人生气？如果我不能这样做，也许我不应该在这里工作，这一切都取决于心态。"

给予魔鬼同情。即使一个坏家伙不应该得到原谅或被轻易放过，这个方法也可以帮助你感觉不那么被轻视和消极。它帮助我成功处理了和一个同事的关系，这位同事非常在乎他的学生，教会他们做出伟大成就，但也因此变得不快乐，喜怒无常，自私。他曾责骂、侮辱和威胁许多其他教授和工作人员（通常是为了琐碎的事情），拒绝分享任何资源或想法，要求比其他有相似需求的人更多的空间和金钱，对待他每天遇到的大多数人就像他们都隐形一样——除非他同样也想要从他们那里得到什么。

我和他没有直接工作关系。然而，有一次，他的滑稽动作让我心烦。有一年我们在同一间教室里上课，他的课就在我后面。我上课时他经常要求我提前下课，好为他自己的课做准备。他还冲着几个我钦佩的人吼叫。我发现自己每周都要花几个小时对他发火，即使我不能停止他的滑稽动作（我试过并失败了，也许我应该试得更努力一些）。我与他接触有限。

然后我开始使用心理战术，它消除了我几乎所有的对这个暴躁教授的愤怒和纠缠。我想到了他生活中可能遭遇的种种困难和他做过的一切美好的东西。我对自己说："他是一只有着金子般心灵的豪猪，"或者从一位谷歌工程师那里偷来的一句——他的用户界面很糟糕，但操作系统很不错。通过建立对这个魔鬼的同情和让我自己原谅他，我改变了自己的观念，这样他也不再把我逼疯。

这种重构策略得到了关于宽恕的理论和研究的支持。这说明，即使一个坏家伙不道歉，你也不向他们表示原谅，在你的心里原谅他或她可以让你忘记伤痛——你这么做的同时不应宽恕、淡化或遗忘对你的冒犯。关于霸凌行为与"人际越轨"

（比如撒谎、侮辱、违背诺言）的研究表明，原谅能帮助受害者释放积压的怨恨和报复的想法。

心理学家夏洛特·范维特弗里特和她的同事进行的一项实验中，大学生们被要求回忆那些曾虐待、冒犯或伤害过他们的人。随着实验的展开，学生们在原谅和不原谅两种念头中快速转换——要么持续愤怒"心怀怨恨"，要么"同情冒犯者"和"给予宽恕"。宽恕的念头降低了学生心中愤怒和悲伤的感觉，让他们觉得自制力增强，同时也降低了那些标志着悲伤的生理症状（比如心率和血压升高）出现的频率。而不原谅的想法则产生了相反的效果。这项研究与那些对校园霸凌行为的研究相吻合——原谅残酷同学的那些受害者受到社会焦虑的影响较小，也更少考虑报复，同时自尊心也更强。其结果是，即使你的敌人不值得得到原谅，原谅他们的罪恶，也能让你从关于他们的噩梦中解脱出来，也能让你重新找回主宰自己命运的感觉。

关注有趣的一面。幽默、笑话和笑声都有阴暗面。加拿大研究员罗德·马丁花了30多年的时间研究幽默和笑声。正如马丁在《幽默心理学》中说的那样，当侮辱或威胁之外覆盖着幽默或讽刺的涂层，他们造成的刺痛也许一样疼，甚至更疼，但有时更能被社会接受。

"放松，这只是一个玩笑。"这是坏家伙为自己糟糕的言语和行为辩护的标准方式。然而幽默既是一种武器，又是一种盾牌。把那些针对你的残忍或麻木不仁看作是有趣、荒唐或可笑能减少造成的伤害。使用马丁的"应对幽默量表"的研究表明，人们在痛苦环境中如果能找到其中的幽默之处，受到的情感和生理伤害会较少。不少人会同意这个观点，比如"我经常发现当我试图找到其中的有趣之处的时候，我的问题已经大大减少了"，以及"我总能找到些可以令我大笑或开玩笑的东西，即使是在最艰难的环境里"。也许这就是为什么安妮·休斯和安德烈·多福拉多蒂尔发现，经历过频繁（甚至是每天）诽谤和恶意戏弄的丹麦雇员，会转而向幽默求助，将其作为处事策略的可能性远大于那些只是偶尔被欺负甚至是从未受欺负的人。看来，找到和专注于滑稽的一面和无礼行为的荒谬性——以及你和其他人的反应的荒谬性和滑稽——可以作为保护自己的盔甲。

在这本书中，我们看到了幽默的保护力量。这里经常提到的目标会给讨厌的人起有趣的绰号，包括"黑武士""点子大师""施刑师""笑面虎"和"海上女巫"。幽默也帮助我的斯坦福大学同事和我自己减少痛苦。我写下这个章节的时候，还不知怎么的开始了一次与斯坦福大学工作人员的忧郁的谈话，那是关于她控制欲太强的老板的。很快，我们俩就为电视剧《办公室》以及一部经典电影《办公室空间》笑出了新的内容。这位事必躬亲式经理已经到了会计算下属上洗手间的时间的地步，当她回来时，他会抛出这样的问题："你真的需要花这么多时间来补妆吗？"我们知道这个老板让目标员工感到难堪，并让那些观察和听到这些滑稽动作的同事们感到害怕——我们同情他们的困境。但看到这纯粹的荒谬，和分享大笑，让那些令我们讨厌的东西变成娱乐题材，这使它的伤害更小，还能让我们觉得不那么无助——至少我们可以改变自己感知它的方式，即使我们不能叫停这些废话。

想想未来。这里的口号是："这也会过去。"当你遇到麻烦，告诉自己这是暂时的。想想你曾经面对过的其他令人烦恼的人和问题，现在当你回头看他们时，他们不再打扰到你，那没什么大不了的，甚至是最好的。加利福尼亚大学研究人员艾玛·布鲁尔曼－塞内卡尔和奥兹勒姆·艾杜科已经证明，"时间的距离"拥有减轻压力的力量。他们说："人类有一种独特的心理时间旅行的能力。我们可以超越现在想象过去和未来。"

这两人进行了六项研究，结果表明，当人们面对来自大或小的压力时（从结束一段长期的关系，到在考试中表现不佳），如果他们专注于在遥远未来，而不是在不远的未来时，他们所感受到的焦虑、紧张、担忧、愤怒、悲伤、失望和内疚都会减少。这些人倾向于同意这样的说法："我不认为我在一周内还会感到沮丧"以及"我把注意力集中在现在这个问题的结果，会随着时间的流逝而褪色。"

时间间距可以帮助人们应付目前的压力，原因有二：首先，大多数人对未来比对现在更乐观，所以他们期望未来他们生活中的事情会变得更好，包括现在正在扰乱他们的事情；其次，尤其至关重要的，是感知无常的保护力量。通过思考遥远的将来，人们会意识到自己当前的困难和相关的情感痛苦只是暂时的，这会令他们感到欣慰。他们意识到，诸如"这也终会过去"以及"时间会治愈一切创伤"这样的陈词滥调往往是正确的。

我们得到的教训是，要与你现在遇到的坏家伙相处，想象那是几个小时，几天，几个月，或者几年以后（取决于你预计这种折磨会持续多长时间），然后关注于那时候你还会对它感觉多少不安。所以不必现在就如此心事重重和痛苦。这是一位给我写信的前柯思科收银员从她那糟糕老板手下逃生的办法。她的上级批评她，盯着她，低声咒骂她——六个月之中只表扬过她一次。她把心思集中在就当晚回家后白天的事情是怎么看起来没什么大不了的。在她辞职后，就更没什么了，只不过是她为了去一个更好的地方而不得不忍受的某些事物而已。这样的时间转换帮助她度过许多艰难的日子——也帮助她努力寻找有着更好老板的高薪工作。

情感超脱。这策略，就是"坦白说，我一点也不在乎。"是的，它可能有巨大的缺点，包括市区工作。最有价值和最令人钦佩的人，会深切地关心并尽全力帮助他们的同事、志愿者、客人、客户等。盖洛普和许多其他研究人员提供的证据表明，当员工更"投入"工作，并认同他们的老板和同事们时，他们更有生产力，更合作，更快乐，更有创造力，倾向于增加额外收入，更不容易放弃；相反，脱离接触有相反的效果，会感染许多组织和团队。来看看一项更恐怖的研究吧，在宾夕法尼亚州 161 家医院中，许多已经耗尽热情的护士，他们称之为"认知分离"的护士洗手的频率和质量都令人不满，这也导致了病人中尿路和"手术部位"感染达到峰值。

教训是，情感上的脱离、超脱，或疏远（或任何你喜欢的词语）是人类对糟糕环境的自然反应，完全可以预测，但有时也有麻烦。当人们把你当尘土一样对待，你很难给予他们充分的关注和全部的努力。不管怎样，这种重构策略是一记重击。不要在意那些待你不友善的人，尽力忽视他们的声音，这种战术用得好可以拯救你的理智，保护你的身体健康，防止你伤害你所爱的人。

我的前作中关于情感超然的讨论，引发了读者的数百封电子邮件和无数交谈，大家都在谈论应该何时和怎样使用这种心理战术。多年来我也跟踪过关于心理脱离、疏远以及相关应对方法的研究。我的观点是，每个人都应该使用超脱法来对付那些坏家伙（和其他压力源），它还可以作为一种强大的麻醉剂帮助人们忍受轻视、轻蔑和对他们的灵魂的其他侮辱。这些年来，我提出一种更加细致的超脱观点，这是一种不断增强的等级制度，其关键在于，即使是处理轻微麻烦问题的人也可以从超脱中获益，随着侮辱逐渐变得严重和普遍，更强烈的超脱是正当的和必要的。这就是我的分级系统。

第一级：休息期间关掉杂音。这是最低级别的超脱方法——坏家伙们在工作时也许会让你发疯，但当你不工作时，这会帮助你把注意力和努力集中到其他地方，这样你就可以恢复平衡，享受生活，并为前面的艰难时刻积蓄力量。我们已经看到，当被围困的员工思考太多关于他们可怕的上司、同事或顾客的事情，这是已经遭遇严重问题的症状，也证明他们处理得很不好。想想第二章那位在工厂工作了七年的营销经理，他的痛苦很大程度上是因为他下班时无法脱离工作。他说："我下班回家时会毫无理由地对我的伴侣大发脾气。"

至少有十几项研究使用过由萨比娜·索内塔格和夏洛特·弗里兹设计的心理超脱计量法，来估算下班期间精神脱离的影响。大多数此类研究发现，员工如果可以在下班期间避免重复回忆、担忧或思考工作中发生过或即将发生的事情，就能得到更好的休息，他们的身体和心理健康问题更少，更少睡眠问题，较少疲劳，工作表现更好，效率更高，也更少出现工作与家庭角色的冲突。

当然，最大挑战还是在于如何超脱于工作。自从智能手机问世以来，我们许多人都让自己"永远在线"。这种困难是上司、同事、朋友、亲戚和伴侣能互相帮助克服的。试着抵制你对手机的瘾。尽可能放下你的手机，关掉你的工作邮件。让你的同事、朋友和爱人在你违反这条规定时提醒你。除非是必要的，尽量避免在晚上和周末发送工作邮件。而且，如果你没法忍得住，至少可以向我妻子玛丽娜学习。她是加利福尼亚北部女童子军的首席执行官，雇员约 150 人，为大约 4.4 万名女孩和 3.1 万名成年志愿者提供服务。玛丽娜有时会在晚上和周末工作，她必须艰难地跟上工作进度。但她不想让她的部下觉得他们也应该工作这么长时间。所以当她晚上和周末写电子邮件的时候，除非有急事，她通常会等到正常工作时间才发出去。

不管你在哪里工作，建立一些仪式，让自己和他人明白"我下班了"，明白在工作（或其他要求承担的任务）和你生活的其他时间之间划清界限是很有帮助的。沿着这些标准，凯蒂·德塞莱斯进行了另一项关于惩教人员的研究（这一次和同事陈博中（音译）合作），研究他们是如何完成在心理上和生理上都被视为很"肮脏"的工作的。她们发现，明确和有意识地在上班和下班之间进行情感分离，可以帮助他们应付工作所带来的侮辱、愤怒、屈辱和生理上的厌恶感。一位警员说，练习这样的精神分离是"11 年半后我神经还保持正常的唯一原因"。他们使用不同的仪式来提示从工作到其他角色的公开和彻底的转变。有人会故意把他身后的监狱门关上，以此提醒他不再是一个惩教官员，直到他再次回到工作岗位为止。另一个人告诉凯蒂他通过"下班后洗手"来暂时甩开他的"'工作卡'给他带来的压力"，这有助于他"不把工作带回家"。

第二级：在最糟糕的时候分离或调整。除了在你下班后和其他时间恢复调整之外，这一级需要对糟糕的经历或对象做出反应，尽可能少地暴露自己的想法，仅仅只是默然离开，回忆美好的事物。总的来说，以在情感上疏远和敷衍的方式处理与坏家伙们的关系。但是，当你遇到更文明的人时，你要"打开开关"，让你的关心和同情恢复正常，给他们充分展示你的自我和天赋。

这就是芝加哥一位特殊教育教师如何对待同事对她的技能、外表和声音的一贯批评："我不再听他说话。他说话时，我会想想我班上的孩子们，以及我怎样帮助他们。"这也是一位美国空军飞行员学院的学员，是如何在侮辱和辱骂他的学员同学中生存下来并最终毕业和成为飞行员的。他没有像西点军校的贝基那样看到其中的幽默，取而代之的是"当我遇到一个坏家伙，我的视线会越过他，想象他根本不在那儿。我重复着对自己说：'我要飞。'"同样的，一项对肾透析部门的护士进行的研究显示，"情感距离"是他们主要的应对策略——特别是对付那些有攻击性和侮辱性，让他们觉得被藐视和被冒犯的病人和同事。一位护士对研究人员说："我死机了，我只是想……我是一台机器，我要完成我必须完成的事情。"

有相关证据表明，员工会通过"压平"自己感受到和表达出的情绪，来保护自己免受不正常冲突的伤害。一项由阿什利·尼克松及其同事进行的对459名雇员的研究发现，人们处理工作中的争论和分歧，往往是通过"诸如以下这些机制来修改对冲突的反应，比如压抑负面情绪或表达虚假的积极情绪"。同样的，无数读者报告说，当他们面对粗鲁的人时，他们给出最无趣、最含糊、最敷衍的反应，来应对袭来的愤怒或不尊重。他们说这是尽量隐藏自己所思所想的做法，读者强调，不给任何反馈——没有愤怒，没有丰富的细节，没有悲伤或痛苦，只有最枯燥和表面化的那个自己——这样减少了坏家伙们继续抛撒恶意所提供的燃料，而同时，这又是一种被动的攻击性报复，因为它让许多坏家伙觉得无聊和有挫败感。

一位政府雇员写信告诉我，她受到来自同事的残酷谣言和流言蜚语的影响，还有来自两个上司公然的"恶意"。她发展出了一种"非防御性"的反馈机制，帮助她从这些人的恶意和这些坏家伙及其"同盟"彼此间丑陋的互动中生存下来。这种空洞反应包括了很多内容，其中有"谢谢你，我会考虑这一点""我很感激你的投入""我明白了""我从来没有这样想过""我对此毫无意见"。她解释说，这些陈腐的回答帮助她向那些决心伤害她的人尽可能少地暴露自己的想法，他们也没有可以进一步攻击她的弹药，他们会觉得无聊而主动帮助结束"已经进入死胡同"的对话。处于健康人际关系中的人们是不会这么交流的——但当人们不断侮辱你，羞辱你，讲小话，打小报告的时候，这种空洞的语言可以创造出一个供你保护自己情感的距离。

斯坦福大学的一位同事给这个级别的超脱带来了一种灵感。当他与一个或多个可能是卑鄙、固执或傲慢的人会面时，他会用"临床"的视角来保持距离。他假装自己像个医生，而他的工作是诊断这一"有趣的、罕见的、极端的恶行病例"，并以此研究最好的治疗方案。当他的一个同事做了一件特别令人厌恶的事时，他并没有生气，只是告诉自己，他多么幸运地看到这样一个"有趣的病例"。就像内科医生一样在治疗一个病得很重的病人，他自言自语地说："那个可怜家伙的病情是这样的糟糕，我为他感到难过。"我这位同事说，有时候用这个"临床"重构法能帮助他找到更好的战斗方法及安抚这些困难的人物。但即使是对这些坏家伙没有任何效果，这种超脱也有助于让他自己保持不受激烈的会议中的挫折和愤怒的束缚，在混乱结束后也能更少地为之感到困扰。

第三级：在大部分或全部时间，尽可能不理睬对方。这是最高级别的超脱，但至少还没有到与你生活中的每个人和一切事物保持情感上的距离的程度（在任何情况下这都不是健康的反应）。这是一个应该被保留的策略，专门用于那些你的组织、团队、学校或任何其他地方都"感觉就像加长版的侮辱"的情况，那些你会持续被视为尘土的情况，那些侮辱和蔑视会从四面八方而来的情况，或那些自上而下而来的倾盆大雨一般的无情辱骂。

它需要尽你所能地少暴露自己，漠然经历一切，把尽可能多的人排除在外，尽可能全面排除——即使他们就在你面前。相反，把你的注意力全部集中在那些对你尊敬，集中在那些对你最重要的事，以及集中在未来更好的日子上。你的目标是尽可能少的暴露自己，同时保护自己不受他们怒火的伤害。

妈妈教育我说："任何值得做的事都值得做好。"嗯，有些情况下，她错了。我认为，当你身处一群坏家伙之中，保持平静比做好工作更重要。一位工程师向我解释说，他的上级、上级的上级和高级管理人员对待他的团队太糟糕了，以至于他们只愿意付出"MVE"（最小可行的努力）。这个战术得名于畅销书作者埃里克·李斯的MVP概念（最小可行产品）。他说："我们决定了，那些坏家伙不值得我们付出更多。"

同样，极端超然也会有很多消极的后果。盖洛普进行的一项研究显示，完全把自己隔离在外的员工，例如职场僵尸（总是无所谓、更容易缺席、更容易放弃），对本公司及其产品没那么自豪，也没那么有效率。我不是为员工的无所谓和有时非常明显的糟糕表现而辩护。但是他们的老板、团队和组织只是在收获他们所播种的一切——他们帮助创造了日复一日的挣扎，只是为了能够在丑陋的环境中生存下来的"职场伤员"。

重构法："职场伤员"的"心理自救"

我已经总结了在这一章里出现过的心理战术当你在处理这些坏家伙及其糟糕行为时，这些这些心理战术能帮助你提升你的心理和生理健康——所有都基于以上所述的证据和实际技巧中。

9 项心理战术

1. 你并不孤单

"很多人都在处理同样丑陋的事情，我不是疯子，也不是坏人，我们在一起。"

"我们拥有彼此，至少我们并不孤单。"

2. 不怪你

"我不能认为这是我个人的事。他这样的恶行不是我的错。"

　　"他才是应该感到糟糕的人。不是我。"

　　3. 淡化威胁

　　"当然他是个坏家伙，但我曾经面对过更糟的情况。"

　　"相比其他地方，这里的坏家伙差远了。"

　　4. 专注于一线亮色

　　"指责的背后总是继以指导。"

　　"我们都从他身上学到了很多东西，忍受他的废话是值得的。"

　　5. 超越他

　　"我不会堕落到他们的水平。我有足够的能力做到这一点。"

　　"他们堕落时，我们往高处走。"

　　6. 对魔鬼的同情

　　"他是一个坏家伙，但他经历过那么艰难的时刻，我不会怪他。"

　　"我不会忘记他对我做了什么。但我明白他为什么这么刻薄，即使他是错的。我原谅他时。那样对我更好。"

　　7. 关注有趣的一面

　　"笑比哭好。这些坏家伙真的很有趣。"

8. 回顾未来

"这也会过去的。时间能治愈一切创伤。"

"当我过些时候回头再看时，一切看起来都没什么大不了的。"

9. 情感上的超脱

第一级："我只是想做些不同的事情，想想更令人愉快的事情。"

第二级："当那个坏家伙行动起来，我完全不理她，想象他甚至不在那里"或者"我假装我是一个医生，正在诊断一个迷人的'恶棍主义'病例，所以越极端怪异，我越觉得有趣。"

第三级："我不在乎这些可怕的人。我要尽量少暴露自己的想法，每天都按部就班，不要让它们触及我的灵魂。"

仅仅依靠这类心理战术也是很危险的。它可能导致在第三章里讨论过的情况；重构本身并不会改变已经在你或者其他人身上发生过的事情，或改变你周围的坏家伙；它只会改变你对你周围环境的看法。

重构是一把双刃剑。有几句话能让人联想起第三章里的谎言。在实际上彻底逃离或减少与坏家伙接触才是更好的解决办法时，它可能会令你变得盲目，不愿逃离。它也可能让你不愿与坏家伙斗争，即使是你完全可以改善处境甚至彻底击败、驱逐他们的时候。简单来说，当你面对最具恶意和伤害性的那种坏家伙时，重构这种策略单独的作用特别可疑。是的，只依靠重构而没有其他办法，有时候对陷入糟糕困境的受害者来说，很有必要，但只能是最后的天堂（例如，这个时候我会想到战俘）。

如果重构是一剂处方药而不是一套应对策略，我将贴上一个警告标签，上面写着："长时间、极端状态或非法侵犯（包括但不限于性骚扰、公开或有意识的种族主义、隐含或明示的生理伤害威胁、性侵犯及其他暴力或导致生理伤害的行为）使用时要格外小心。副作用可能包括否认侵犯的客观存在，以及未实际减少侵犯。"

现在，是时候谈谈反击了。

六、7 个容易失败和适得其反的反击技巧

不要弄错了。与坏家伙斗争是很有风险的。一旦他们注意到你在努力扼杀他们的粗鲁或轻视，他们可能产生强大的愤怒和报复心理——然后向你发泄出来。这就是为什么本章中提到的这些改变、排斥、击败和驱逐他们的策略，都需要比前几章的方法具备更高的警惕性和更全面的思考。前几章的方法专注于逃离坏家伙或避免与坏家伙接触，或重构你对他们的印象，而不是直接挑战并驱散他们造成的影响、威压和辱骂。

当一个问题变得糟糕起来，你可能会感到焦虑，并有立即打垮这个坏家伙的强烈冲动。然而，压制你立即获得满足的欲望，放松下来，准备好作战计划，通常这才是更聪明的做法。你第一时间的判断很可能是错误的。当麻烦出现的时候——即使时间很短——即使只有一点点时间，你也要仔细审查你第一时间产生的冲动，考虑其他选择以避免愚蠢的错误。正如我们在第二章提到的，诺贝尔奖获得者丹尼尔·卡内曼警告说，当你面对一个棘手和重要的决定时，比较明智的做法是慢下来，

研究一下你所处的困境，权衡各种选择，并在行动前寻求你信任的人的建议。

特别是，你可以想想关于这三种资源，你拥有多少，以及如何获得更多。第一种资源是相比于坏家伙，你有多大的力量。你的力量越小，坏家伙在伤害你之后扬长而去就越容易，而你的选择也就越少，你面临的风险也就越大。你所拥有的灵活机动的空间越少，你就越应该采取卡内曼的建议：慢下来，压制你的第一冲动。有一位职员写信给我，述说他即将失去他的工作，并征求我的意见。几天前，在经理"对我的职业表达了贬损性质的言论"后他告诉经理"去死吧你"。更糟糕的是，经理"碰巧和他的上级在一起，我以允许这种行为的理由也臭骂了他一顿"。

我没什么可以帮助那个家伙的，太迟了，他一时冲动侮辱了两个领导。我确实劝他道歉——他拒绝了，因为"引发争执的是那个家伙"，不是他，这进一步助长了他上司针对他的怒火和管理行为。但无论这位经理如何刻薄，这位雇员更明智的做法是控制住自己的脾气，以一种有分寸的方式来反击，并寻找能加强自己力量的同盟。

过度自信会妨碍人们对力量对比做出正确的判断。在2015年7月《卫报》的一次采访中，卡内曼说："如果他有一根魔杖，最想消灭的人类顽疾就是过度自信，因为它助长了许多糟糕的决定。"当你对自己击败或驱逐坏家伙的能力自鸣得意时，其实是很危险的。一位财富 100 强公司的新任人力资源主管曾经向我吹嘘，她解雇了公司里最讨厌的几位高级经理。当我问她在她就职最初的几个月里做出这么快的改变是否明智的时候，她向我保证，首席执行官站在她这一边，她也有权解雇他们。她错了。这几位高级经理去找首席执行官，告诉他这位人力资源主管比他们更可以成为牺牲品。几周后，她被解雇了。

第二个资源是证据。你的证据越扎实，就越容易避免场面变成"他或她说"这种互相指责的情况。在刚刚有遇到麻烦征兆的时候，保存你的电子邮件和社交媒体交流，并认真记笔记，甚至在可能的情况下拍下照片和视频。鼓励你的同伴和其他盟友也这样做。小心不要触犯当地法律，因为它们区别很大。例如当我写这篇文章时，加利福尼亚、佛罗里达州和 10 个左右的州似乎都需要"全体当事人同意"，在未经当事人许可的情况下，录下对方的电话或其他谈话都是非法的。但在包括纽约、科罗拉多和弗吉尼亚在内的大约 40 个州，录音都不是非法的。

这个关于证据的建议是显而易见的，但许多人仍然不接受它。我所知的许多受害者开始记录的时间太晚（或者从不记录），以至于保护自己和击败对手都变得更困难。坚实而有说服力的证据，是你去上级或人力资源部门投诉时有利的杠杆，也提供足够的合法性。如果他们拒绝受理，它也能在你寻求工会帮助、采取法律行动或求助媒体时提供弹药。2016 年 7 月，福克斯（Fox）新闻主播格雷琴·卡尔森提起诉讼，指责公司创始人和董事长罗杰·艾尔斯——世界上最强大的媒体高管之一——在她投诉其他福克斯同事的性别歧视行为并拒绝他的性冒犯后，迫使她离职。艾尔斯强烈否认其指控，福克斯管理层也表示"完全信任他"，还得到了大批福克斯明星所做的关于艾尔斯的人格多么伟大崇高的证词，其中包括布里特·休姆、肖恩·汉尼提和格里塔·范·苏斯特伦。

然而，两个月内，艾尔斯失业了。福克斯同意与卡尔森达成了一项高达 2000 万美元的和解协议，并发表了一份公开道歉信："格雷琴并未得到她以及我们所有同事应该得到的尊重和有尊严的对待。"福克斯公司从著名的宝维森律师事务所聘请的律师，披露了大量的艾尔斯骚扰他人的证据；约有 20 名女性出面举报他的不良行为。据《纽约时报》2016 年 9 月报道，最确凿的证据来自卡尔森用自己的手机在与艾尔斯长达 18 个月的接触中记录下的秘密录音。这些邪恶的内容包括艾尔斯建议卡尔森："我觉得你和我很早以前就应该有性关系了，然后你会越来越好，我会越来越好"。

也需要说明的是，专注于对每一个轻微的侮辱都进行记录，并强迫他人记录下所有令人厌恶的行为并与你分享，并不值得推荐。从学术角度来说，这是一种"偏执狂"，是"一种夸张的不信任"，包括"感受到被人恶意威胁、伤害、迫害、虐待、藐视等"。研究员伊芙琳·陈和丹尼尔·麦卡利斯特认为，当员工太过不信任别人，内心充满了恐惧和焦虑时，他们会变得过分警惕，只专注于坏的事物，排除好的一面，从最无辜的行为中都能看到邪恶的动机。如果你痴迷于收集每一点证据，你是在冒着在自己头脑中制造怪兽的风险，臆想所谓的"恶棍"行为，却对任何友好行为都视而不见。

然而，这种"仅仅因为你多疑，并不意味着他们不是冲着你来的"的想法，有时候是正确的。作家欧内斯特·海明威一直确信，FBI 多年以来一直在跟踪他，我的斯坦福大学同事罗德·克拉默尔对他指出，他的电话被窃听了，邮件也被拦截了。海明威抱怨，那些在酒吧和餐馆遇到的穿黑西装的男人，有时候还和他们发生冲突，他怀疑他们是在监视他。他的朋友和家人都竭力安慰他说，那些只是普通人，联邦调查局并没有要来抓他。治疗海明威的精神病学家认为，这种强迫症是"临床妄想症"的表现。但海明威是对的。1942 年，FBI 局长 J. 埃德加·胡佛发起了一场针对著名作家的"严密监视计划"，这项计划一直坚持到他在 1961 年自杀。当海明威在 1960 年住院时（因为抑郁症被电击治疗），他向医生抱怨说，他电话上的咔嗒声意味着联邦调查局正在窃听——医生们认为这是他妄想症的进一步证据。也许是，但是海明威在联邦调查局的大量档案（根据美国《信息自由法》发布）说明，联邦调查局确实窃听了他的电话。

第三种资源，就是联合或团结。有时候你必须独自战斗，但如果有人和你联手，获胜概率会更大。有了盟军，你就拥有了更强大的力量，就可以在艰难时期互相激励战斗到底，也更容易说服怀疑论者，你不是一个孤独的或独一无二的怪人（这是海明威面临的问题的一部分）。

帕梅拉·卢根 - 桑德维克教授的研究发现，当受欺负的员工团结一致展开反击时，当权者有 58% 的概率惩罚坏蛋，没有一个受欺负的员工会被开除。但当员工独自作战时，只有 27% 的坏蛋受到惩罚，而 20% 的受欺负员工会被解雇。比如，卢根 - 桑德维克教授记录过，当多名教师和学校董事会成员谈论一名糟糕的管理人员后，倾诉的闸门是如何打开的，许多受害者挺身而出。一位老师解释说：

"就像小男孩受到神父的性虐待一样。其中一人大声说出来后，其他人都从门后走出来。嗯，就是这样。有一次，我们和鲍伯（在学校董事会）谈论此事，许多老师都鼓起勇气加入进来：'嘿，这不太好。'你明白我的意思吗？他们不那么害怕了。"

有些人过去同样被欺负你的人折磨，却最终逃脱了折磨，他们可以成为特别有价值的支持者。一位伦理学教授写信告诉我，当研究生和博士后问他在大学里如何对付不道德的教授时，他建议他们联系"任何认识这个教授的人"，因为"他们是你的同盟"。这位教授说，有一个博士后学生联系上了他那糟糕教授的前下属，这个同病相怜的受害者向他提供了情感上的支持，与他一起正式向学校管理人员投诉他的教授（管理层也采取了保护这位博士后的措施），后来还帮助他找到了另一个实验室的好工作。

现在让我们转向与坏家伙战斗的方法。我将讨论如何以及何时使用它们，为什么它们会起作用（有时没有），整个过程都会不断追溯这三大关键资源。

冷静、理智、坦率的对抗。这是文明的战斗方式。你把冒犯你的人拉到一边，安静地，甚至是温和地向他们解释，你或其他人遭到了他们的伤害，并要求他们停止这一切。正如第七章所介绍的，人类天生对自己的行为会对他人产生影响是意识淡薄的。可控的、坦率的、消极的反馈，会让那些有着极大盲点的坏家伙感到惊慌，从而做出改变。这种方法非常适用于偶尔的或者无意的坏家伙，或你们彼此之间存在良好的信任关系，或你的力量完全能压倒他；它最适用于那些以自己的文明举止而自豪的人们，他们会为被人在背后叫作坏家伙而难过。

我认识的一位用意良好但无能的公司 CEO，在两位女性执行副总裁在一次会议后把他拉到一边温和地提醒他后，他感到恐慌。这两位女性告诉这位 CEO，他打断了她们每个人至少六次，但从未打断过另外四位男性执行副总裁。这位 CEO 被惊呆的同时，也感到非常尴尬，恳请她们的原谅，并提出要她们继续保持对他粗鲁打断行为的追踪记录，发誓要停止他这种性别歧视的做法。他不想再有那种自我厌恶的感觉。

保持冷静和文明，在应付那些普通麻烦时也有效。但你可能需要把程度提高一点，以引起他们的注意。一家大型公用事业公司的经理写信告诉我说，尽管高层对于坚持公司"核心价值观"有着非常强硬的态度，相关谈话内容还贴在墙上和网站上，他工作的地方依然充满了粗鲁无礼的人。这位经理经常观察到这样的豪言壮语和员工无礼举动之间的巨大差距，因此，每当同事违反这些价值观时，他就重申一遍。

他讲述了一场与其他经理开展的薪酬审查会议。当时预算很紧张，他们要讨论应该付给员工多少钱。其中一个讨厌的同事说："他们应该感激至少有一份工作。"这位经理很有礼貌地顶了回去："很好，你能告诉我这能体现什么核心价值观吗？是诚信，尊重，还是团队合作？不，说真的……我想知道它是如何融入公司的整体发展方向的，我也想知道我们要怎么把这件事告诉我们的员工和纳税人。"他继续解释说："我发现如果你抓住机会，对我们被要求坚持的核心价值观发出微妙的提醒，那些麻烦人物很快就会表示支持，收回此前的话，然后重新考虑。"

最后，看看英国首相温斯顿·丘吉尔在 1940 年 6 月 27 日从夫人克莱门蒂娜那里收到的信。那时，关于第二次世界大战的最新消息越来越不利于英国，丘吉尔也因为焦虑，冲着他的幕僚们发泄过情绪。克莱门蒂娜写道："你身边的一个人（一个忠实的朋友）曾经来找过我，告诉我你因为粗鲁、刻薄和专横的态度，正处于被同事和下属普遍厌恶的危险中。"在描述了一些糟糕的细节后，她又说："我感到惊讶和沮丧，因为这些年来，我已经习惯了所有和你一起工作的人都爱你的情况。我亲爱的温斯顿——我必须承认，我注意到你的举止已经恶化了，你不如以往那么善良了。"她同时建议："拥有如此强大的权力，你同时还应该礼貌，善良，如果可能的话，还要超级冷静。"她这样收尾道，"你不会从易怒和粗鲁中得到最好的结果的。这种糟糕行为只会滋生出厌恶或奴隶的心态。"

这三个例子各不相同，但都具有两个有效对抗所需的要素，甚至当冲突变得愤怒而不是平静时，这两种要素也能控制局面。关于"道德愤怒"和"义愤"的研究表明，在以下情况，对抗最有可能令冒犯者发生改变，且对抗会被视为可接受的社交行为，并调动支持：

1. 合乎情理——有充分证据表明那个人在做坏事。

2. 对抗的动机被认为是建设性的，旨在改善更好的结果，而不只是一个自私的、报复性的、非理性的，只为对敌人造成伤害或复仇的冲动。

克莱门蒂娜写给温斯顿·丘吉尔的这封奇妙的信，完美地说明了这两种原则：第一，她从她与他共处的经验和她"忠实朋友"的信息中得知，丘吉尔的"脾气暴躁和粗鲁"的情况越来越严重，"如果有人提出一个想法（比如在会议上），你会表现得如此轻蔑，以至于没有人能提出自己的想法，无论想法是好是坏"；第二，她的动机是帮助工作人员、英国及其盟友。克莱门蒂娜的信，很大程度上是代表其他那些无法像她这样对丘吉尔具备强大影响力的人的。而她的附言表明，她的批评并不是轻率的决定："上星期日我就写了这封信，后来把它撕了，但现在我又写了一封。"

积极的对抗。把某人叫作"大麻烦"通常是个坏主意，尤其是在愤怒时，或有他人在场时。不管这个标签有多么准确，它都有可能被当作是你的恶行。例如，一家家装店的前雇员写信给我说，她在这样称呼一个同事后，被解雇了。她要求我敦促她的老板改变决定，因为毕竟她只是在执行"无恶棍规则"。我拒绝了。对冒犯你的人说出这个词，不仅仅显得粗鲁，它就像火上浇油一般，可以引发更坏更讨厌的行为。门诺派牧师亚瑟·保罗·博尔斯在他名为《永远不要称他们为恶棍》的书中，提出了类似的建议。博尔斯认为，当教友处于有敌意和自私的状态时，给他们打上标签是侮辱性的，对于建设性地修复关系和改变行为，是毫无益处的。

然而，有证据表明，当对付某些自私的家伙时，以彼之道还施彼身，是有效的（虽然我建议使用比"你这个恶棍"更文明的内容）。你需要向某些人证明，你不是受气包，不会让他们摆布你，否则他们可能变得更坏和自私。他们认为你的善良是软弱的表现。2015年由匈牙利研究人员实施的一项研究发现，当马基雅维利主义者（"这是一类自私的人，会把别人看作是他们追求目标的工具"）与"公平协作"的人一起工作时，他们的大脑会进入超速状态。这些自私的人立即开始纵容自己为个人目的利用其他人，当他们遇到和他们一样不合作又自私的人时，就会退让。

相关研究表明，努力反击，包括怒目而视，提高嗓门，发出威胁，甚至大发雷霆，都可用于抵御那些相信可以通过践踏别人的感情和声誉而获得成功的家伙们。我的斯坦福同事罗德·克拉默尔称之为"豪猪的力量"。一位经理曾写信告诉我，她的还击是如何阻止一个与她共事的"大恶棍"（一位退役的陆军少校，因为侮辱和不尊重人而臭名昭著）的。一开始她想对他更友善一点，但他甚至更轻视她，开始为了自己的项目，动手从她手上挖人和预算。这位经理意识到，他把她的热情和配合看作是软弱的迹象。于是，她来到他的办公室，"狠狠地盯着他"，告诉他这种行为是"绝对不能接受的，我实在不能容忍"。这位退役少校让步了。"豪猪的力量"是他唯一能理解的。

当你和一个咄咄逼人的坏家伙打交道时，他正在破坏更大的利益，即使他们的力量能压倒你，一时的义愤有时会使他们退缩。一位某软件公司的"关键产品"的首席工程师写信告诉我，在一个傍晚，时间是 6 点 30 分，他的团队正在打包一个更新发布之前的"最后版本"，CEO 的助手冲了进来，"真的是在挥舞双臂"。这位助手告诉整个团队，在他们未审查完某些新的文档之前，不准发布。这位首席工程师告诉他，这会浪费团队 20 分钟的时间，这句话引发了"一场关于如何不需要 20 分钟的自负的咆哮，只是因为他是 CEO 的助手"，而且必须做得更快。正如首席工程师所说的：

"我的整个团队聚集在大厅里，视线越过这个咆哮者的肩头看向我，想知道我要怎么做。豪言壮语持续着，说这件事做得快有多么重要，不影响软件的发布时间是多么紧急，因为他已经告诉 CEO，所有的发布程序都已经完成。当他的咆哮结束后，我继续盯着他的眼睛说：'25 分钟。'然后在他面前把门关上。"当首席工程师砰的一声关上那扇门时，他表达了基于他的团队和公司的最大利益的义愤（尽管他明显从击倒"助手先生"这件事上获得了乐趣）。他的团队也为此爱死他了。

还有一些时候，微妙的"被动攻击性"的对抗，是最能传达"你表现得太过分，我要你停下来"这样的想法的。毕竟在某些组织和民族的文化中，直接对抗是不可原谅的。当你与粗鲁的人短暂相逢时，比如说是一个顾客，一个出现在你做礼拜的地方的陌生人，或者在餐厅、剧院或一场体育赛事中，要求他们小点声说"嘘"和怒目而视可能会毫无效果，或者适得其反，因为你此前并未与他们有任何关系。一位读者给我讲过一个很棒的故事："我身后有这么一群人，看电影时他们都说个没完，开玩笑，让人没法专心看电影。"他那时正和一个朋友一起看《虎胆龙威》，他尝试"平常的办法"，转过身来，怒视着他们，但不起作用。最后，在一段较长的安静时间里，我转向我旁边的朋友说，相当大声地说："那么，你想谈点什么呢？"他也大声说："我不知道，为什么不等到晚些时候呢？"他告诉我说："这奏效了，我们后面的人在整部电影的剩余部分都保持沉默。"这个方法将信息传递给那些不明白状况的人，让他们安静下来，这"有点滑稽，也不会导致扩大事端"。

正如第五章中所指出的那样，侮辱和贬低如果被包裹在幽默中，可能比以严肃的方式表达更伤人，社交上也更容易被接受。受害者同样也可以使用幽默来与坏行为做斗争，就像在那家电影院出现的那种被动攻击性行为一样。当你以幽默的言语反击，就可以挫败冒犯你的人，特别是当对方把你当作可以随意嘲笑和贬低的受气包的时候。

有位高中老师写信告诉我，当"我学会了以能够让所有人大笑的方式回击之后"，同事终于缓和了他的挑衅行为。她发展了"看起来像开玩笑，但我没开玩笑"的"一套反击方法"，包括"你有礼貌的时候好可爱啊"以及"你总是这么好吗？还是因为我很特别，才对我这么特别？"当然，刻薄和讽刺幽默是有风险的。就像任何需要向别人反击的办法一样，它可能会引发恶性循环。如果你的力量不足，这种快速反击会激起他们的报复。然而在某些地方，外来者看起来粗鲁的玩笑、戏弄和贬低的行为，却是可以接受和理所当然的。当攻击性的幽默，或"垃圾话"成为大家可以接受的行为时，掌权者不会只是把它说出来，他们期望并享受别人同样的还击。如果掌权者做得太过火，当他们令其他人感到被歧视时，大家都知道，一个笑话或一场恶作剧，是最好的反馈方式。

一位强硬的前硅谷 CEO 告诉我一个故事，这个故事讲述了他的团队如何使他成为一个笑话的笑点，以及如何减轻团队的紧张情绪，使团队更紧密地合作，并传达了他应当放下敌意的建议。出于某种原因，他针对高管的许多讽刺都是说他们不如蔬菜，如"你比一颗莴苣头还笨"或"正常的西葫芦都可以解决这个问题"。

他的团队准备了一场报复。有一天，当这位 CEO 走进会议室开会，他没有见到大家都坐在通常的位置上，每个团队成员都被桌子上的一颗莴苣头取代，甚至在桌子尽头 CEO 的椅子边上也有一棵。这位 CEO 给我发了一张图片，桌子上的 11 颗莴苣头上面都画着眼睛和微笑，大多数还戴着帽子，有的还戴着太阳镜。他还说："他们也做了一款莴苣头 T 恤，很多人都经常穿。"首席执行官承认，有时他对自己的团队过于严格，但他解释，因为公司改变和发展得太快，以至于为了求生存必须要求精神上的坚韧。在仅仅几年后，他的团队把一家陷入困境的初创企业发展成硅谷增长最快的公司之一，并成功通过公开发行股票上市。对这野性之旅做好准备的人们，不仅可以容忍他有时粗鲁的幽默，也有信心发起反击，这种付出和回报使他们更加亲密。然而，他承认，在"莴苣头事件"后，他在使用蔬菜幽默或说出可能会伤人的话之前，会停顿一下。

爱的轰炸和拍马屁。巴结那些视你如粪土的人，可能看起来是个奇怪的点子。但是奉承、微笑和其他表示赞赏的信号（即使不是完全真诚的），也可以用于劝服情绪不稳定和怀恨在心的人平息自己的焦虑和愤怒，让他们不会冲你发泄。一位软件工程师写信给我说，她在研究与她共事的坏家伙们，学习如何

"让他们更快乐些的小窍门"和"直击他们的弱点"。她说她们团队的质检员"因为在压力下会变得非常急躁而臭名昭著"。随着产品发布日期的临近和压力的放大，她向同事们发起了一场毁灭性的攻击（甚至都不用咒骂），她明确表示："你的脑力水平和行业理解水平，不比变形虫高多少。"这位工程师注意到了一些有用的东西：

她喜欢巧克力，特别是黑巧克力，她喜欢用吃东西来缓解压力，这也的确有效。于是，当压力随着每次发布日期的临近逐渐增大，我会带一些好时牌巧克力（如果在节假日前后，就选一些符合时令的糖果），确保里面有一些黑巧克力，并分享给所有质检员……这的确可以改善她的糟糕脾气。

这种"巧克力轰炸"是这种策略的微妙版本。有时更强烈的爱的轰炸（也包括拍马屁）应该出场，如果可以和更积极的方法结合使用，可能产生极好的效果。当你想要偷袭那些坏家伙的时候，用这招把迟钝或自恋的坏家伙稳住是很方便的。自恋者渴望不断的赞扬和奉承，他们迫切需要相信他们是被爱的。虽然自恋者常常是施虐者和侮辱者，但他们脸皮很薄，无法忍受人们与他们相处时即使是极轻微的不愉快，或对他们判断的质疑。

迈克尔·麦科比几十年来一直研究和指导有自恋倾向的领导，他发现，这些人"经常说他们想要团队合作，但这在实践中意味着，他们想要一群点头哈腰的人"。我的建议听起来令人讨厌甚至虚伪。但是如果你想要从强大和难相处的自恋者手下获得保护，关于你偷偷在背后准备打倒他们的同时，要不要在表面上拍拍马屁，是有一点争论的。

一位社区大学的行政人员给我讲了一个关于他前任校长的长篇故事。这位校长要求得到完全效忠，如果他的员工不"经常迎合其自尊心"，他很容易勃然大怒。这位管理员和几个同事花了一年时间，搜集了一套针对校长的案例，他们一丝不苟地记录下他的糟糕判断、他对赞美的永不满足的需求、他对贬低别人的嗜好以及他的易怒脾气。他们把证据交给学校的托管人，这位校长最终被解雇。管理员解释说，他和他的"叛徒"同事每天都给予校长讨好和错误的奉承，这可以在他们努力孵化自己的计划时，帮助阻止校长那基于自恋的怒火。

其他的研究也表明，有些人脾气暴躁、欺负人或专横，主要是因为他们对自己的能力和声望感到不安。这是我在第二章中讨论过的"小暴君"的标志，那些极小领域的主人们会以心胸狭窄、目空一切，有时还很愚蠢的方式称王称霸。与自恋者不同，大多数的"小暴君"不需要渴望或期望赞美或奉承，但他们的确会从把自己的意志强加于人，并给他们带来悲惨命运的做法中得到安慰。一个工程师告诉我，他发现"许多'小暴君'通常是隐藏在城堡里的小领主，躲在城墙和护城河的后面，俯视着所有在他那小小办公区之外有空调的乡间漫步的危险生物。他们的默认动作是向任何胆敢靠近大门的人倾泻燃烧的油"。工程师说他的解决办法是，"把自己定位为他墙内的同事，从而绕开了对抗"。他通过表达同情和寻找共同的利益，来避免对方的愤怒，可供分享的利益比如爱好、运动或政治（"不能包括不正常的行动，比如踢小狗或窥探同事"）。他说这种方法"十次里面能成功七次"。通过控制自己不乱说话，表达同情而不是愤怒，他不仅避开了对方的怒火，也降低了"自己也作恶的可能"。

"爱的轰炸"是专门用于对付缺乏安全感的坏家伙的策略，也更为极端，你超越表达同情和不乱嚼舌头，以温暖和善良回应他们的糟糕行为。你的目的是将你的压迫者变成朋友和崇拜者。我是从我的女儿克莱尔那里得到这个主意的，她在波士顿的一家龙舌兰酒吧和餐厅当服务员时，和一个脾气暴躁的人一起工作。那位厨师怒视着她，每晚都对着她和其他服务员咆哮。克莱尔决定"用善良'杀'了他"，不管厨子有多讨厌，她向他微笑，称赞他的美食和他工作的辛苦，用热情和理解回应他的伤人言语。这场"爱的轰炸"最终还是"磨穿"了他，几个月后，"他对我很好，甚至给我免费的食物。"克莱尔补充道，"他只是一个需要朋友的人。"

对有些人来说，复仇有时会带来一时的甜蜜，但可能是无用和危险的。与坏家伙战斗并击败他们，能满足复仇的欲望，这是人之常情。埃里克·杰夫题为《复杂的复仇心理学》的论文中是这么说的："复仇的欲望是永恒的。它和《荷马史诗》与《哈姆雷特》一般经典；和《教父》与昆汀·塔伦蒂诺拍的相关电影一样现代；像《圣经》里说的'以眼还眼以牙还牙'一样古老。"对"报复"的渴望和相关的义愤，可以把人们团结在一起，一心打倒一个共同的敌人，就像那些偷袭校长的大学管理人员一样。熟练的对抗，也可以达到类似的满足效果，就像那位在"咆哮者"面前摔上门，给自己团队争取 25 分钟，并给了"CEO 的助手先生"漂亮一击的工程师。或许读过我前作的读者可能还记得那位电台制作人是怎么对付那位总是偷吃她的食物的刻薄老板的。她用一些泻药做了一些巧克力，然后放在她桌上。然后，"果然，她的老板走过来，在没有征得同意的情况下就把它们吃光了。当她告诉他里面有什么时，'他很不高兴'。"但他再也没偷过她的食物了。

这些例子与哥伦比亚大学研究中心的哈维·霍恩斯坦一项研究的发现是相符的。他在采访了 100 名员工后，得出了有关如何对付爱骂人的老板的结论："成功的报复是很有针对性（针对骂人的那个家伙）、很有时间性（发生在能在辱骂和报复之间建立联系的时候），而且脾气温和（从动机和手段上都是为了停止辱骂，而不是仅仅制造代价）。"霍恩斯坦把复仇行为视为在无法改变坏蛋的行为时的失败标签，但这种报复可能仍然有帮助，能让受害者感受到自己并不是一个无助的受气包。

想想我最喜欢的一个复仇故事吧。它来自《华尔街日报》的杰森·茨威格。他站在纽约肯尼迪机场的登机口。前面的乘客一直在指责和侮辱一个航空公司的员工，杰森被这位员工保持冷静和专业的能力打动了。杰森写道："永远留在我的记忆中的是她那句话：'噢，他要去洛杉矶，但他的行李要去内罗毕。'而她那淡淡的、又毫无迟疑的坚定微笑，使我半是兴奋半是寒意地意识到，她不是在开玩笑。"像这样偷偷的报复行为并没有改变行为，但可能使受害者控制一点局面，从施虐者那里"要回"一些东西，并从目击者那里赢得尊重和荣誉。

然而报复是背信弃义的。霍恩斯坦发现，他所研究的 68% 的报复并没能阻止喜欢骂人的老板。正如我们在第五章提到的，关于校园和工作场所的霸凌研究表明，那些无法忘记糟糕经历的人，会承受许多负面影响，包括焦虑、抑郁和失眠。复仇的幻想故事可能是有趣的谈资，但我担心当人们逃离坏家伙后几个月甚至几年，仍然痴迷于报复。一位装配工人写信告诉我，她的糟糕老板持续监视她，批评她，并因为微不足道的违规行为给她记过，她实在无法忘记这一切。她给我写过好几封长信，其中充满了她幻想出来戏弄前老板的恶作剧，比如，换掉他屋里所有的锁、封上窗户、拔下冰箱插头，塞住电表，然后在4-5个月后给电力公司的反欺诈部门打电话。这位老板仍在她心里要把她逼疯，即使她已经离开那家公司好几年了。

霍恩斯坦发现，当秘密复仇对客户、同事或组织造成伤害后，可能会让你暂时感觉良好。但最后，它不会改变任何不良行为。霍恩斯坦讲述了一次复仇行动，主人公名叫朱莉，是一位保险公司雇员。当一个新上司在一次有多名同事参加的会议上批评了朱莉的工作后，又补充道："除了懒惰和缺乏能力外，没有任何解释。"朱莉感到受到了羞辱，开始发狂，并通过反复修改和删除她上司电脑上的文件来实施报复。这种破坏使朱莉上司的工作慢了下来，同时也使她感到沮丧，并让她形容憔悴。正如朱莉所承认的，"这是幼稚和邪恶的"。她的上司从来没有抓住过朱莉，但她已经迷失在复仇中，她被复仇的念头所吞噬，她的组织工作表现被拖慢，而辱骂行为并没有停止。

朱莉和其他人可能相信报复会鼓舞他们的精神，但科尔盖特大学的凯文·卡尔史密斯领导的实验结果，却不是这么说的。他的研究团队让参与者玩一个互动的"囚徒困境"游戏，这个游戏在本质上是被操纵的，其中一个参与者是自私和狡猾的，他会把其他所有人都搞砸了。在敦促其他参赛者合作以赢得适量的金钱后，这位事先埋伏下的坏家伙在游戏最后搅了局，赢得了大部分的奖金。

有些参与者有机会用经济罚金的方式"惩罚"这个自私的人，他几乎总是被选为复仇者。然而，最有趣的组包含那些也被搞砸了，却没有办法惩罚那个坏家伙的人们没有报复机会，因为这个实验就是让他们不可能实施报复。他们经历的负面情绪比那些能复仇而且的确得到复仇的人更微弱、更短暂。这与大多数人所预料的正好相反（包括这项研究的参与者）。卡尔史密斯解释说："事实上惩罚者会执迷于他们的作为，比那些无法报复的人们感觉更糟。那些没有机会报复的人在某种意义上是被强制向前看，并把注意力转移到其他东西上。"卡尔史密斯的团队得出结论，大约三个世纪以前，弗朗西斯·培根爵士的说法是对的："一个处心积虑要报复的人会让自己的伤口保持新鲜，否则他会愈合，并且过得很好。"

卡尔史密斯的复仇实验研究简短的场景，游戏、违反、报复（或不报复）、反应和反思全部都在一小时之内结束。报复可能有不同的长期后果，尤其是当它能够改变未来坏家伙的行为的时候。霍恩斯坦的研究显示，复仇在减慢或停止持续性虐待的情况下，可以变得有用。

但是复仇也能助长无尽的恶意。复仇研究者罗伯特·比耶斯和托马斯·特里普发现，"获得公平的冲动"会挑起攻击与反击的恶性循环，每一方都视对方为邪恶者，都不承担助长冲突的责任，"双方都把自己的行为看作是仅仅针对对方不正当行为的正当防卫行为"。如果你被锁在这样一个针锋相对的丑陋游戏中几个月或几年，你不仅伤害了你自己和你的敌人，你也拖着其他人一起受罪。

几年前，我和一位顾问聊了很久，他形容了他公司中两位呼风唤雨者之间的嫉妒和愤怒是如何爆发为公开冲突的。他们在背后的互相唱衰和公开对抗，赶走了客户，导致了一些他最喜欢的员工跳槽。两个交战伙伴的身体健康状况也不断退化。这位顾问对这场该死的打斗有着睿智的评价："就像你妈妈和爸爸打架一样，你不在乎谁是对的还是错的，你只是希望他们停下来。"如果你被困在这些残酷的循环中，记住第五章中那项关于原谅的研究。即使你那位敌人不配得到原谅，在你心里原谅他们也许是最好的，对你，对你关心的人，对那些不值得的人都好。

利用体制改变、挫败和驱逐麻烦人物。在我的一本前作中，我描述了如何设计和建立不容忍任何令人觉得不受尊重、被藐视和泄气的人的组织。我展示了组织可以如何严格执行这条规则，积极招募有礼貌的人，教育他们尊重他人，对那些表现出这种行为的人给予奖励和力量，惩罚甚至驱赶那些持续违反规则的人。我听过几十个组织都有类似的规则，其中包括贝雅（Robert W. Baird & Co.）（金融服务）、康赛迪亚（Concertia）（云计算和托管公司）、博克斯（Box）（文件共享）、伊万特布莱特（Eventbrite）（在线机票销售和日程管理）、Invoice2go（为小企业提供发票业务）、加拿大皇家银行、沃尔特·汤普森国际（一家大型广告公司）和网飞（Netflix）——帕蒂·麦克德在那里的"人事部"待了14年，她告诉我她为他们企业文化核心的口号感到骄傲："没有笨蛋，没有坏蛋。"

在一个遵守规则的团队或组织中，体制会帮助人们与坏家伙战斗，无论他们是在等级的底部、中间或顶部。有些最好的领导者和团队不会谈论这个话题，他们只是应用体制。它不一定来自高层，你可以与同事一起，在你的范围内实施这些规则。下面是一个读者和同事们的做法：

"那些坏家伙就像是蟑螂。如果你拿灯照上他们，他们就跑开躲起来。在我们工作的地方，我们开始要求更多的透明度，减少背后议论，放弃那些能让身边的麻烦人物继续其滑稽动作的私密性。我们彼此分享信息，拒绝让他把我们引入私下讨论的陷阱，一般不允许他操纵我们。这要把他逼疯了！他失去了所有盟友（他们从来都不是很愿意当这个盟友），他不知道下一步该怎么办。"

当坏家伙们被那些坚持要他承担责任并分享他们的糟糕言行的人包围时，他们很难继续他们的恶行。熟练的施虐者和暗箭伤人之徒也许可以在一两个上司眼前隐藏自己的举动，通常是欺上瞒下。但如果你遇到的每个人都试图阻止你，想要隐藏就艰难多了。我和哈吉·拉奥在《升级卓越》中写道，在问责制普遍适用的地方，破坏性的人物是躲不住的。

如果你处于或接近等级制度的顶端，你对人们有很大的影响，可以影响他们对转而求助体制的保护是否安全的看法，或他们是否认为你这样的领导者也是伪君子。首先，你必须把坏行为扼杀在萌芽状态。心理学家罗伊·鲍迈斯特及其同事的文章《坏事比好事强》中写道，负面行为如欺骗、懒惰、暴躁、愤怒和不尊重（你还可以继续列下去），组成了更强的力量，比良好行为更具有传染性，更难停止。比方说，当员工与上司产生了消极互动，对他们的情绪产生的影响，将五倍于积极互动的影响。威尔·菲尔普斯关于"坏苹果"的研究发现，一个团队即使只有一个麻烦人物，整体表现也会下降30%到40%。等的越久就更糟糕。

一家加拿大创业公司前 CEO 告诉我："我们公司充满了坏家伙，从董事到销售人员。"多年来，他一直在反抗他们的不尊重和不道德行为。然而，麻烦会雇佣更多的麻烦（他们像兔子一样繁殖），恶毒的行为开始泛滥。最后，"他们联合起来对付我",并说服董事会解雇他。他说:"我最大的错误就是没有尽快开除这些麻烦人物,我的同情心占了上风。"相比之下,贝雅公司(Robert W. Baird & Co)首席执行官保罗·柏塞尔不只是谈论要把坏行为扼杀在萌芽状态。保罗告诉我,他告诉求职者,如果他发现他们是麻烦人物,他会解雇他们。他曾多次这样做。保罗相信这有助于推动贝雅的持续成功和财务增长,也令贝雅自2004年以来每年都是《福布斯》百家最佳雇主(2016年他们排名第六)。

其次,我完全赞成开除那些持续贬低他人、暴力或显示出极端残忍的人。但是如果你想让人们愿意接受这种人,并承认他们自己也有不良行为,那么让这些所谓的麻烦人物得到尊重和尊严就至关重要。这就意味着,从与他们进行平静和保密的对话开始,给他们改变的机会。这也意味着,要意识到有些人通常不是坏家伙,而是有一些东西导致了他们表现出最糟糕的一面,可能是共事的人,可能是客户,也可能是他们做的工作。把他们移到另一个地方或另一个团队中,可以带来巨大的进步。

拉斯洛·博克,在过去10年中一直领导着谷歌的"人力运营"团队,记录下了场景变换的作用。在《工作规则》中他说,当一个谷歌员工处在表现曲线底部,也就是最差的5%时,公司会给他们做出负面评价,但不会马上解雇他们。他们等待的原因一个是为了避免诱发恐惧心理，也因为这些员工中的不少人是可以挽救的。当这些挣扎的员工换到谷歌另一个岗位后，他们的表现通常会上升到公司的平均水平。正如博克解释的那样，从 5% 到 50% 不仅仅是对这些得到挽救的员工有利，对谷歌也好，因为寻找、雇用和安排继任者需要大量的时间和金钱。博克的证据并不是特别针对坏家伙的，但是以尊重和尊严待人在每一个 Google 员工的招聘与评估中都扮演着重要角色。的确，博克告诉我，很多排名在垫底 5% 的员工，不仅没有意识到自己表现得如此糟糕，他们对自己带给身边人的负面影响也是一无所知。这样可以"告诉他们其实际表现，同时给他们机会去尝试一个新的环境，往往已经足以让他们改变他们的行为"。

同样，我斯坦福大学的同事佩里·克雷巴恩说明了把霸道的坏家伙换到其他团队可以发挥出他们的优点，也让其他人摆脱他们的怒火。有 10 多年时间里，我一直在斯坦福大学设计学院（所有人都叫它"D 学院"）与佩里一起教授创意课，其中就有实践课程，我们会安排 40-60 名来访的高管分成 6 个小组。这种压力集中的课程为期 3-5 天，包括帮助捷蓝航空公司的乘客提高"机场乘机体验"，访问斯坦福血液银行以令捐助者更安心和振奋，以及改善 BP（英国石油公司）加油站的客户体验。

每个高管团队都进行现场观察和访问，得出解决方案，开发原型，与用户一起测试它们，并向"客户"和教学团队提交他们最优秀的原型。每个团队都有一个指导他们通过每一步骤的教练。随着课程的逐渐展开，佩里和同事杰里米·厄特利紧密观察每个团队：他们经常与教练会面，并亲自出手帮助陷入困境的团队。每个晚上，佩里和杰里米听取教练回报，讨论什么起作用而什么没有，以及可以采取哪种补救措施。

当我和哈吉·拉奥在《升级卓越》中谈到的那样，每年一次或两次，都有几个团队会被佩里称之为拥有"突出人格"的"阿尔法型"所感染，我则称之为坏家伙。佩里"把所有坏苹果放在一个桶里"，这样他们就不会破坏其他团队。然后他会指定一个严肃的教练，来带领这些"坏苹果"，或者他自己亲自动手——他很擅长执行严厉的"爱"。这很管用。那些离开了阿尔法型人格的团队总是表现出放松的情绪，事情也做得更好。另外，对教学团队来说，当坏家伙们都在一起时，要容易对付得多。

佩里报告说，有一两个"坏苹果"的团队会一直饱受冲突和工作不力的困扰，但大多数可以发展出非常健康的活力，产生"令人惊喜的原型"。佩里的方法需要能对坏家伙们行使权力。但你可能会诱使他们聚集在一起。罗伯特·西奥迪尼在他那本经典著作《影响力》中提到，相似的人会互相吸引，一起享受时光。事实上，佩里认为"坏苹果队"通常能表现良好的其中一个原因是，其成员会欣赏和理解其他的"阿尔法型"成员。

第三点，同时也是最后一点，如果你想让人们相信这个制度是公平和有效的，严厉对待最强大、最赚钱、最有名的麻烦人物是必不可少的。如果你只针对较弱的坏家伙、容易被替换的人，或者只是以敢讲坏消息和有勇气不附和上司的人，而让强有力的坏家伙肆意践踏任何人，那么人们在 1.6 千米之外都能听到你虚伪的废话。在第二章中我讨论了包括新西兰航空公司的罗博·法菲在内的领导者们，是如何保护员工以及如何从拒绝无礼的客户和顾客中赢得员工信任的。如果你的公司依赖于少数几个客户生存，拒绝其中一个大客户，是特别需要勇气的。

这是首席执行官比尔·卡莫迪 2008 年创立美国整合营销公司（Trepoint）之初做过的事情。一个来自大公司的潜在新客户联系过卡莫迪：《赫芬顿邮报》专栏作家莫利·雷诺兹说，如果整合营销公司当年可以搞定这桩生意，初创时期就会一鸣惊人。卡莫迪的团队研究了很久，做出了一个提案，能为客户提供正确的"哇"因素。不幸的是，当他们把它提交给这家大公司的高管时，他不只是批评；他完全是在指责比尔的工作人员，还超出底线地辱骂他们。卡莫迪站起来，告诉这位潜在客户："我们公司不适合你……我不会允许你这么对待我的员工。我们很高兴地向你推荐另一家可能会为你提供服务的公司。"

卡莫迪后来告诉他那些被震惊的员工说："即使你满足他们的需求，这些麻烦人物也会吸引更多的麻烦人物，我不会让你们被他们欺负的。"这个理念，无论是为了客户还是为了员工，卡莫迪都相信是他的公司得以发展和吸引优秀人才的原因之一。这家公司在堪萨斯城、纽约和旧金山都有忙碌的办公室，也是 INC 杂志评出的发展最快的私营公司之一。

比尔·卡莫迪这样的老板是罕见的。太多的领导者和制度无法从强大的麻烦人物手下保护员工——甚至更糟——他们会把那些有勇气与之抗争的人扔到大巴车底下。

关于软弱或已被操纵系统的警告。在过去的 10 年左右时间里，关于职场欺凌、骚扰和对女性、女同性恋、同性恋、双性恋、变性人及各种宗教团体的成员的偏见的新闻，连番见诸报端，已经激怒了政治家、律师、监管机构、企业领导人以及其他反坏家伙斗士，他们提出（有时是执行）法律途径的解决办法。保护儿童的反欺凌法已在美国的 50 个州得到通过。联合委员会 2008 年标准要求所有 5600 家美国医院都必须"制定一套行为准则，以及管理破坏性和不适当行为的流程"。这些规则可能有些漏洞，因为联合委员会是主要负责美国健康维护组织和项目的授权认证的组织。这个委员会的医学主任罗纳德·怀亚特 2013 年在他们的"领导力博客"上发帖，引用令人信服的证据证明，医生如果不合作或使用"居高临下的语言或语调"并采取"诸如言语爆发或身体威胁等公开行动"恐吓同事，会直接导致"医疗差错"。

然而，尽管我很钦佩这些斗士对许多法律、规则和条例的熟悉，有时还把自己想象成他们中的一员，但我对法律解决方法很谨慎。当然，它们有时是有效的。如果你有强有力的证据和收费很高的律师，就像格雷琴·卡尔森状告福克斯新闻网时一样，它们尤其有效。但回想起来，她声称在采取法律行动之前已经忍受了多年的性骚扰。

例如，如果你审视已经广泛普及的用来保护学童的反欺凌法，它们很软弱。对学校最简单的要求是，要有一个书面的反欺凌政策，这是空洞的修辞，没有正确的领导者、文化和资源来保证日复一日的灌输和执行。实际上，几乎没有证据表明，这些法律减少了学校中的欺凌行为：加州大学洛杉矶分校教授亚娜·尤沃宁和桑德拉·格拉汉姆于 2014 年对 140 项研究的回顾发现，大多数学校使用的反欺凌计划对保护受害者或惩罚罪犯来说是软弱和无效的。

此外，截至 2016 年 10 月，根据职场欺凌研究所的详细和有用的网站指出，美国所有 50 个州的职场欺凌仍然合法（该研究所是由主张对职场欺凌毫不留情的加里·纳米领导的）。

换句话说，在美国，成为一个坏家伙并不违法，只要他把每个人都当作粪土看待，不管他们的背景如何。研究所的网站建议，如果你基于性别、种族、宗教和年龄等因素处于"受保护"的状态，你可以使用联邦《民权法》反击。但研究所的调查显示，这种歧视性骚扰案件仅发生在 20% 左右的欺凌案件中。该研究所继续警告那些正在考虑采取法律行动的受害者："那些雇主的律师进行的出庭作证（强烈的侵入性的审讯）会再次伤害已经受伤的受害者。许多人因此放弃诉讼。否则你将会失去隐私。那些坏蛋和雇主可以看到并嘲笑你的健康记录……如果你真的正在考虑打官司，你将面临一条艰难的道路。"

正如我强调的，即使你的组织有防止虐待和不尊重行为的"官方"系统、实践和书面价值观，但这并不意味着人力资源、法律事务或高级管理层的人们会帮助你对抗你身边的坏家伙。是的，有时这样的系统是有效的。贝雅、谷歌和比尔·卡莫迪的整合营销公司似乎都拥有拥护和执行这些标准的领导人。回想一下第二章里说到的美国海军的"海上巫婆"舰长霍里·格拉芙，格拉芙那充满恶意的言行激起了无数投诉，经过彻底调查，她终于被解除指挥权。然而，通常即使这样的系统存在，利用它们来与强大的坏家伙斗争也很危险。只是提出一个虐待问题，就可以让你被打上麻烦制造者的标签。而如果你的目标是一个有影响力和善于政治的人，即使他们在你的职位上低于你，他们也可以团结盟友反对你。

一个主管给我写信说，她的一个直接下属（部门秘书）"只要和我单独相处，她就是讨厌、卑鄙、不听话的，但只要有别人在场，就像甜蜜的糖果一般"。她这位脾气暴躁的秘书与人力资源总监建立了亲密的友谊。这位主管解释说，这两位会"互相为对方烤芝士，一起吃晚饭，还在私人事务上互相帮助"。结果是，主管记录和报告这位秘书的暴躁行为（以及失职行为）都是徒劳的。秘书否认这一切，并（在她强大的人力资源部门朋友的帮助下）逃脱了惩罚。

关于强大的麻烦人物是如何使任何敢于揭露丑恶真相的人都会感到痛苦的，兰斯·阿姆斯特朗提供了一个教科书式的范例。这位七次环法自行车赛冠军得主最终因为使用违禁药物，被剥夺了所有头衔。多年来，他一直否认自己做过错事。2013 年 1 月 14 日，在奥普拉·温弗瑞的电视节目中，他最终承认了自己的错误，承认他在每次胜利中都使用违禁药物，包括睾酮、可的松、人体生长激素及输血。阿姆斯特朗现在被斥责为骗子。但是这位有钱、傲慢和恶意的坏家伙对队友、记者、曾经的朋友以及其他所有发现他作弊，或仅仅是提出疑问的人所造成的伤害，是惊人的。阿姆斯特朗和他的律师曾起诉那些透露真相的人们，称他们为骗子和贱民，毁了他们的名誉和事业。

例如，由于伦敦的《星期日时报》刊登了大卫·沃尔什指责他服用禁药的报道，阿姆斯特朗在 2006 年从这家报社收到了大约 50 万美元的赔偿。沃尔什 2013 年 1 月在同一家报纸报道说，阿姆斯特朗抨击他为"卑鄙的""骗子""我知道的最差的记者"。像这样的官司和个人攻击，使得其他记者们回避向阿姆斯特朗提出关于禁药的问题，也不写相关报道。阿姆斯特朗的谎言被曝光后，《星期日时报》起诉要求他赔偿超过 100 万美元，并在 2013 年 8 月宣布，他们对于最后达成的秘密金额"完全满意"。沃尔什的报道是正确的，在英国赢得了 2012 年度最佳记者奖及 2013 年度巴克莱记者终身成就奖。

正如《纽约时报》2013 年 1 月报道的那样，阿姆斯特朗多年来也一直对贝琪·安德鲁（一位队友妻子，曾作证说阿姆斯特朗曾当面承认服用类固醇）发出威胁和可耻的辱骂。当车队前按摩师艾玛·奥莱利承认为阿姆斯特朗的车队运送禁药并销毁证据后，他辱骂她是妓女和酒鬼。阿姆斯特朗也起诉了奥莱利，他在 2006 年撤诉。但《纽约日报》2012 年 10 月报道，奥赖利感叹："兰斯对我名誉造成的损害仍然存在。"最后，阿姆斯特朗被打倒了，但是许多举报他的人都付出了高昂的代价。

公众人物或高管并不是唯一危险的坏家伙。正如我们所看到的，这种坏家伙不需要占据有声望的职位，他们只需要善于招募盟友来帮助他们戳别人脊梁骨、恐吓和传播恶意的谎言，来对付任何挡在他们道路上的人。不幸的是，这些人压迫的目标往往有充分的理由保持沉默，忍受虐待。我不宽恕这种行为，但很容易理解为什么困在这种糟糕处境里面的受害者，会在关于这个坏蛋残酷和卑劣的言行上撒谎，就好像兰斯·阿姆斯特朗周围的许多人那样，为了保护自己的生计和免受报复。我相信，在有很好的获胜机会时，甚至机会很小时，都应该战斗。唉，有时候，保持低调，什么也不说，等着机会逃离，会更明智、更安全。

为尊严而战

这一章提供了一系列减少和阻止辱骂及解决麻烦人物的办法：温和的和粗糙的，愚蠢的和认真的，隐蔽的和直接的。与前面专注于改变你自己的几章相比，这一章专注于改变施虐者。我曾鼓励你战斗，但不要变成白痴。随附的清单中，重点介绍了七种特别容易出现失败和适得其反情况的方法，在使用前和使用过程中，都需要极其警惕和谨慎。

与麻烦人物战斗的错误方式
7个容易失败和适得其反的技巧

1. 做你能想到的第一件事，马上！你在复杂的高风险的环境下遇到了大麻烦，恐惧和怒火可能影响了你的判断。你的本能反应可能是错误的。放慢脚步，冷静下来，和智者谈谈如何战斗。

2. 直接和积极地与一个强大的施虐者对抗，即使你缺乏证据或盟友。如果你喜欢当烈士或者是受虐狂般喜欢被虐待的快感，这种方法可能对你有用。但是如果你想改变、削弱，或赶走坏家伙，它通常不会有用。

3. 当面称一个麻烦人物行为不端。对于你认识和信任的人私下使用，这也许有用。但事先警告你：它通常会引起更多的敌意。如果它让你的施虐者感到尴尬，这将是特别危险的。

4. 报复性、匿名和无用的复仇。缺乏力量或勇气的人面对麻烦人物时有时会寻求匿名和卑鄙的报复方式——类似给他们的轮胎放气的小动作。它可以帮助你感觉好点（或更糟）。但最后，它不会改变那些人的行为（除非他们抓到你并进行报复）。

5. 寻找替罪羊。当你被麻烦人物包围，并有足够能力影响一个或两个没什么力量的恶徒时会发生这种事。你责怪他们肆意辱骂，他们受到惩罚或被开除。你可以说坏苹果不见了，但是事实是，你还没有修复整个系统。事实上，往大巴车下扔一些麻烦人物实际上可能有助于你残忍的密友加强控制局面的能力。

6. 习惯取悦人的毛病。当糟糕的家伙对你的"爱的轰炸"和拍马屁战术滴水不进时是很痛苦的。或者更糟糕的是，把它当作你喜欢他们虐待你、想要更多受虐的标志。但你不能控制自己。你继续讨好和奉承他们。

7. 向已经扭曲的人和体制寻求帮助。提防那些人事、法律、管理层的人们，否则司法力量会有极强的动力来保护那些拥有权力的恶棍，没有人会为你战斗。格雷琴·卡尔森在福克斯新闻的遭遇提供了一个警世故事。《纽约杂志》2016年9月报道，当她向她的主管投诉居高临下的主持人史蒂夫·杜斯时，主席罗杰·艾尔斯听到风声，咒骂卡尔森是"仇恨男人的人""一个需要和小孩待在一起的杀手"。

绝望已经足够多了。但还有一个与麻烦人物战斗的优势我还没提到，这可以追溯到第五章"保护心灵的心理战术"。无论赢、输，或平手，当你遇上那个伤害你和你关心的人的坏家伙时，你会选择捍卫你自己的尊严和骄傲，而不是让他们践踏你的一切，仅仅这一条，就能令你更坚强，更有韧性。研究职场欺凌、攻击和辱骂的研究人员，还没有弄清楚到底应该在什么时候，以什么方式，发出最好的反击。研究了粗暴管理者 20 年的本奈特·泰珀欣然向我承认："还没有足够的证据基础。"但泰珀和他的同事们最近研究的"向上的敌意"很令人感兴趣，看起来那些向可恨的老板还击的员工（而不是在感受和行为上都只是被动受害者），感觉更能控制自己的命运，遭受更少的伤害。

泰珀的团队对上级有不同程度的"向上的敌意"的雇员进行了两项研究，第一项研究跟踪了 169 名员工，第二项研究追踪了 371 名员工。研究人员问了九个关于员工"抵制上级要求"的频繁程度的问题：这些问题包括直接对抗（例如，"我只能说不"和"我拒绝执行你的要求"）、被动进取型的报复（例如，"我做得三心二意，然后让我的老板知道我做不到"），以及情感超脱和蔑视的混合型（例如，"我不理睬我的上司"和"我才不管我上司说什么"）。

这种"向上的敌意"的保护力量似乎是惊人的：遭到怒骂的雇员如果狠狠反击，不太容易把自己看成受害者，也对自己的工作和职业更满意，经历更少的痛苦，对他们的公司更有认同感。泰珀和他的同事们相信，员工们抵制粗鲁的上级，与他们发生争执其实更好，因为这是向他们自己和其他人发出信号：他们很坚强，决心保卫他们的尊严。即使他们的老板嘲笑他们，说他们是愚蠢的，并不公平地指责他们，他们也拒绝保持被动、沉默和脆弱。

结果是你仍然需要小心选择你的战斗时机。但还击的回报可能包括比改变、击退、击败并驱逐困扰你的坏家伙更多的东西。这样做可以增强你的尊严、自豪感和对命运的控制感，避免感觉自己像一个无力的受害者，即使你没有赢得这场战争。

七、7个角色转换策略

本书致力于帮助人们逃离、忍受、反抗那些把他们当作粪土的人。把所有故事，研究和建议贯穿和黏合在一起的简单理念是：我们都想生活在一个尽可能少地遇到麻烦的地方，我们也希望自己关心的人也能这样，我们也不希望自己看起来像个麻烦，或者被认为是个麻烦，虽然人类有时会以奇怪的方式表达这种想法。正如一位读者对我说过的那样："从没有人会在临终的时候说'我过去要是能再刻薄一点就好了。'"

远离麻烦、不做麻烦、对抗麻烦是一种个人哲学，塑造了你对生活的看法，你采取的行动，以及你判断自己的方式。这不仅仅针对团队和组织，也不仅仅是空谈，它意味着采取具体步骤。如果你想成为解决问题的方案，而不是问题本身，记住这七个角色转换策略是很有用的，它们能告诉你，要在日常生活中的喧嚣、烦恼和人类的缺陷、偏见中遵循这一哲学，到底意味着什么。

1. 遵循达·芬奇法则

安东尼·波登是因为《厨房秘事》一书而成为著名人物的一位厨师,他现在是潮流食物和旅行电视节目中的明星。他用这个问题来定义他的成功:"我喜欢我在打交道的那群人吗?"正如他在 2016 年告诉一位 INC 作者的一样:"我所从事的事业是由一种我称之为'远离麻烦'组成的。这是一件很重要的事,我真的喜欢所有我与之做生意的人。"波登描述了这种规则下的生活看起来是怎样的:

"我们去洛杉矶参加了这么一个会议,一个家伙邀请我们参加一个电视节目,向我们提供了一笔收获颇丰的交易,有直升机停机坪的那种富有。会议开得非常好,然后我们站在停车场,看着彼此,然后我说:'如果电话在晚上 11 点响起,你希望是那个大麻烦打来的吗?'我们的想法都是:'绝对不要!'"

这一理念意味着,当你进入一个满是问题人物的巢穴时,你应该尽可能快地跑出去,或者更好的是,首先就想出如何避开走入那个巢穴。我把这称为"达·芬奇法则"。正如达·芬奇所说:"开始时容易抵制,到最后就麻烦了。"这正是波登所做的事情。这是健全的社会心理学,因为"人们往任何东西里投入的时间和努力越多，无论多么无用，多么愚蠢，他们离开的难度就越大。这可以是一次糟糕的投资，一个毁灭性的关系，一个剥削性的工作，或一个充满恐吓、欺凌和坏家伙的工作场所。"

2. 保护他人，而不仅仅是保护自己

沃顿商学院教授亚当·格兰特说过，最文明的、最有建设性的和最成功的人们是给予者，而不仅仅是接受者。正如，你需要别人在你变成一个麻烦人物时告诉你真相，或从刻薄的人那里保护你，回报他们的帮助是聪明的做法。当然，如果有权力执行"无恶棍规则"，保护他人会更容易。想想贝雅的CEO保罗·柏塞尔关于应聘者的警告：麻烦人物会被解雇。还记得我的斯坦福大学同事佩里·克雷巴恩吗？把团队里所有傲慢的麻烦人物拿掉，把所有坏苹果放在同一个桶里。

你也可以利用你的影响力进行一些能促使人们更加文明的实践。乔治城大学的克里斯蒂娜·波拉斯教授介绍了总部设在路易斯安那的奥克斯纳健康系统，是如何培训11000多名医生、护士、管理和行政人员掌握"奥克斯纳10/5方式"的。员工应当对任何距离他们3米以内的患者或同事微笑和保持眼神接触，与任何在1.5米以内的人打招呼。波拉斯报告说，整体的文明程度有了改善，患者的满意度，患者推荐度，都在上升。

即使你不是高层人员，你也可以和其他同事一起努力创造安全的避风港，让所有可能遇到坏家伙的同事可以找到保护和支持。某医院的一位管理员写信告诉我，她和她的同事是这样保护新人免受在医院大厅里游荡的不计其数的坏家伙的怒火的。我很佩服他们的"早期预警系统"：

"我们还发现一些不容易变成麻烦人物的工作人员，把他们用身份识别卡上的小贴纸标记出来。新来的职工和医学院的学生被告知这些人是可以作为求助资源的，这些人愿意提供帮助和回答问题，也很容易就能认出来。刚到新环境时，你会很犹豫，不知道能请教谁，这有助于消除这种犹豫（以及被怒吼的风险）。"

使用这种方法也意味着，当你被那些无法躲开或改变的麻烦人物困住的时候，你要承担起不被他们传染及传染给其他人的责任。即使你不能保护自己，你也要找到办法来打破这个粗鲁循环，使其他人幸免。一位著名的外科医生给我写了一封信，大约20年前，当他还是外科住院医师时，他和他的同事们有一个小小的仪式，他们现在回头看，发现这仪式让他们避开了成为像他们导师那样的麻烦人物的命运。他说，在常春藤盟校医学院的外科训练中，"我亲眼见到层出不穷的令人难以置信的精神虐待事件，每天都有"。他是这样描述那个让他得以不落入陷阱的仪式的：

作为住院医师，我们每个星期五都在当地酒吧聚会，喝几杯啤酒，作为又一个艰苦的星期的结束。我们保存了一本皮面装订的日记本。这段欢乐时光的高潮是提名和选举"本周坏主治医师"。每个受委屈的人都会讲述一段他们与其主治医师的故事，然后被提名为"本周的问题人物"。大家投票表决，获胜者的名字被写入日记本。一个简短的"问题事件"也同样会记录在上面。

这位外科医生认为这种仪式不仅仅是"吐槽会"，因为"我们明白了我们的专业中破坏性的坏家伙行为会是什么样子。我们发誓不模仿我们每天都遇到的病态行为"。20年后的今天，这些曾经的住院医师都享有盛名，许多人都成为项目主管和部门主管。他补充说："我很自豪地说，每一个曾经参加'星期五小组'的人都在他们的训练项目中使用这个方法。"

3. 使用"本杰明·富兰克林效应"，将问题人物变成"朋友"

回想第一章结束时的口号："给别人贴标签慢一点，给自己贴的时候快一点。"如果和某个满口脏话、语带轻蔑或视你如空气的人打过一两次交道，你很容易就得出结论，你正在打交道的这个人是个问题人物。毕竟，坏的行为比好的行为更令人沮丧，更令人难忘，一旦你开始怀疑某人，你可能只关注他们的坏行为。如果你有不友好的反应，则可能引发一个敌意循环，你们两个都会表现得像坏家伙一样，所以你关于另一个人的最初假设就变成了自我实现的预言。

特别是，在与有着粗鲁的外表（却有善良内在）的人打交道时，很容易直接跳到这样的结论上。在第五章中，我提出了一个颇有用的重构策略："同情魔鬼"，告诉你自己，一个已知的麻烦人物是"有着金子般心灵的豪猪"。这样的归因有时会突然变成准确的描述，而不只是应对坏家伙或暗箭伤人者的心理战术。所以，在你把某人当作一个坏家伙之前，想想有没有其他解释，对你、对那个有坏家伙嫌疑的人，以及你周围的人都有好处。

除了直接得出结论，如果有人视你如尘土，你也可以用我们在第六章的"爱的轰炸"的方法逆转局面。用无情的礼貌和温暖回应他们，看看他们是否能对你好点，就像我女儿克莱尔改变她所工作的波士顿餐厅里那脾气暴躁的厨师一样。更好的是，结合你的热情和奉承，并要求他们帮你一两个小忙。这一战术类似于作家大卫·麦克雷尼所说的"本杰明·富兰克林效应"，实验表明："我们会越来越喜欢那些我们友善相待的人，讨厌那些我们不友善对待的人。"

在《你现在不那么蠢了》一书中，麦克雷尼讲述了这么一个故事：当富兰克林还是一个需要努力克服低收入和缺乏正规教育缺点的年轻人时，一个富有和受过教育的同辈人（书中没有留下这个人的名字）作了一次长时间的演说，抨击富兰克林的行为和动机。富兰克林怒不可遏。但他没有回报以愤怒。相反，麦克雷尼解释了富兰克林是怎么转化"仇敌成粉丝"的：

富兰克林拥有图书收藏家和图书馆创始人的名声，因此人们认为他是一位拥有敏锐的文学品味的人。富兰克林致信给这位"仇家"，询问他是否可以从他的图书馆借一本特殊的选集，那是一本"非常稀缺和奇特的书籍"。他的对手受宠若惊，马上就把它送来了。一周之后，富兰克林把它寄了回去，还附上了一张"谢谢你"的便条，任务完成了。下一次在立法会开会时，那个人走近富兰克林，第一次当面和他说话。富兰克林说，从此以后，那个人表现出愿意在任何情况下为我服务的意愿，我们成为极好的朋友，我们的友谊一直延续到他离世。

我是在玛利亚·波波瓦神奇的"开发大脑"的网站上第一次读到本杰明·富兰克林效应的。波波瓦对这个办法的解释，能帮助大家理解为什么你认为别人是麻烦，为什么他们也看你是麻烦，以及如何逆转这种相互敌意的情绪和行为："富兰克林死敌的改变是这样发生的：他发现自己对富兰克林的友善，是他真实的想法，他愿意这么做，因为他真的喜欢富兰克林。"

这可能听起来很疯狂。但不管某人感觉和表现得如何鄙视你，如果你可以引诱他们给你一点善意，他们可能会改变他们的态度。这一经验有两点启发：如果你想减少你对别人的虐待，向坏家伙提供一些帮助，对他们说话友善点，在他们背后做点好事。这样的策略会产生不自在的认知失调，当人们改变他们的行为时，他们的判断和感觉通常是一致的，这样他们就可以为自己的行为在自己及他人面前辩护。这就是为什么麦克雷尼建议"首先记住，你造成的伤害越多，你就会感受到越多的仇恨。你表达的善意越多，你就会越热爱那些你帮助过的人"。

4. 照镜子看看，你是问题的一部分吗？

"每个小组都有麻烦人物。如果你环顾四周而没有看到一个麻烦，那么你就是那个麻烦。"我从喜剧演员、CBS 电视台《深夜秀》的前主持人克雷格·弗格森那里听过这个笑话：如果你是一个麻烦人物，最不可能意识到麻烦人物存在的人，有时候就是你自己。如果你觉得被麻烦人物围困，即使你是问题的一部分（或全部），你也不容易对自己或别人承认这一点。

这就是为什么我们在第一章里说过，超过 50% 的美国人说他们被欺负或目睹了别人的欺凌，但不到 1% 的人承认曾经欺负过别人，这些数据匹配不上，因为很多麻烦人物都不承认他们干的坏事。

人类大部分都喜欢否认和妄想。我们常常对自己的缺点一无所知，如果承认自己的缺点，又总是低估其严重性和负面影响。我已经讨论过过度自信的诅咒，以及诺贝尔奖得主丹尼尔·卡内曼是如何认为这是人类的偏见中最具破坏性的部分的。我们倾向于通过玫瑰色眼镜看自己。了解我们的人（甚至只是稍微了解），对我们的长处和（尤其是）短处，往往比我们自己看得更清楚。心理学家大卫·唐宁和贾斯丁·克鲁格开展的数十项研究表明，表现不佳者特别容易妄想：他们高估自己的才能，包括逻辑推理、语法、幽默、辩论、面试、管理和情感技巧。事实上，他们包括人际关系技巧在内的技能越弱，越倾向于在心中夸大他们自己的能力。

如果你认为自己是一个文明的人，但似乎走到哪里都遇得到麻烦人物，照照镜子去，你可能正看到一个麻烦。记住：待人如粪土，会刺激别人也如此欺负你。正如我们所看到的，对虐待行为的监督和职场冒犯的研究表明，它们会激起对方的还击。我在斯坦福的一次企业家会议上遇到了一位颇有声望、自称喜欢我的书的律师，吹嘘他如何按这规则生活，并为充满敬意地对待每一个人而自豪，即使他每天都需要面对许多粗鲁自私的人。

听到这一切我感到很惊讶，因为虽然我没有告诉他，他就是我那本书里描述过的曾经准备聘请我妻子玛丽娜的那位律师。他的一位前助理告诉她，他是个大麻烦（并用好几个故事证明他的看法）后，她拒绝了这份工作。果然，当律师得知玛丽娜拒绝了这份工作时，他给她打电话"指责和批评她，并威胁她交出出卖他的内线"。她的回答是："你在这次电话中的行为，恰好印证了我拒绝你的原因。"那个律师没有把我和玛丽娜联系起来，因为事件发生后已经过去了好几年，而玛丽娜和我有不同的姓氏。但他似乎是个典型的茫然坏家伙，他不知道他对待别人有多坏（或者认为自己很有洞察力很聪明，他——也只有他——的粗鲁行为应该得到原谅），一辈子也意识不到人们正在把他扔给他们的"狗屎"重新扔回来。

我们人类容易产生扭曲和过度积极的自我形象，并否认、忽视或从未注意到关于我们自己的负面信息。这意味着，对我们大多数而言，当我们表现得像个问题人物或鼓励别人也做问题人物时，需要克服天生的偏见。哥伦比亚大学心理学家海蒂·霍尔沃森在《没有人理解你，怎么办》中写道，自我意识的关键，并不在我们的头脑中，而是发现并接受别人如何看待我们，即使这样会很不好受。霍尔沃森表明，我们如何看待自己和别人如何看待我们之间的鸿沟越大，我们与别人的关系就越可能糟糕。所以，认真了解别人如何看待我们，会获得很大的回报。我们生活中的人们，往往倾向于互相认同彼此关于我们过去行为的看法，以及将来可能会采取的行动，他们的判断通常比我们的自我评估准确得多。结论是，如果你想知道某人是否是个麻烦，最糟糕的询问对象就是那个可疑的人。

如何做到自我意识的方法很容易描述，但很难做到。你需要有个了解你，但不会粉饰的人，并寻求和接受他们坦率的反馈。当他们告诉你坏消息时，要感谢他们，不要争论，尽量不要显得生气或沮丧。你可能认为他们背叛了你，想要避开他们，甚至更糟糕的是，施行报复——如果你有自恋倾向的话，扼杀这一切想法会很难。

现在我讲述一下一位大师级的直率先生是如何在我身上练习这个技巧的。彼得·格林在斯坦福大学当了五年的部门主管，他是一位谦逊无私的加拿大人，对文明和公正有着强烈的见解，我就在彼得的部门工作。我曾经有一位学生在课堂上发表了许多不合适的评论，也因他的表现和破坏性态度，引起了许多同学的抱怨。在这个学生交了一篇烂论文之后，我给他写了一封犀利的电子邮件，那已经远远超出了对论文的批评：我质疑他的性格，暗示他懒散无能。那个学生（正当地）把我的电子邮件转发给了彼得，随后彼得把我叫到了他的办公室告诉我，任何教员都不应该这样对待学生，并要求我马上向学生道歉。当然，彼得是对的。我非常抱歉地向学生道歉，也感谢彼得在这件事上对我的提醒。彼得的对话令我深思，真相伤人，但当人们不愿意或不能说出或听到真相时，情况会更糟。

我的斯坦福大学同事哈吉·拉奥认为，很多成功人士都有一个配偶或伴侣能够在他们表现得像个坏家伙或白痴时提醒他们，即使其他朋友、同事和追随者害怕提醒他们。回忆一下在 1940 年那段英国在二战中最黑暗的时期，温斯顿·丘吉尔首相的夫人克莱门蒂娜写给他的那封信。克莱门蒂娜毫不留情："我必须承认，我注意到了你的态度恶化，你不再像你以前那样善良了。"

哈吉进一步推测，有十几岁的孩子的大人物是不容易傲慢和幻想完美的，因为，无论他们的下属和崇拜者如何奉承和谄媚，他们家里的年轻人每天都会毫不犹豫地指出他们的缺点和毛病。研究人员还没有测试这个假设，但当我把它作为对傲慢的一种可能的解药提交给领导者时，他们笑着点头，告诉我关于自己的孩子是如何把他们带回现实的故事。

如果想减少粗鲁对待他人的行为，你可以寻找可信的老实人，倾听他们的观点，反思你过去的行为，以辨别哪些情况会让你变得最糟糕。核对一下研究人员发现的十几个风险因素的附加清单。这些是常见的"阿喀琉斯之踵"①，会使人们的行为变得粗鲁、具有攻击性，找出哪一个特别有可能引发你内心的恶念，并抑制它。

什么是你的"阿喀琉斯之踵"
促使人们变成坏家伙的因素

1. 你周围有很多的坏家伙。

2. 你用权力支配别人，尤其是当你偶尔有了一点点权力的时候。

3. 你处于等级制度的顶端，是一个非常有竞争性的人，觉得受到了明星下属的威胁。

4. 你很富有。

5. 你被看作是一个"冷酷"的人。

6. 你工作得更努力，牺牲得比别人多——总是让每个人都知道你的牺牲。

7. 你是一个"规则纳粹"，顽固坚持精确执行所有规则，

---

① 阿喀琉斯，古希腊神话和文学中的英雄人物，参与了特洛伊战争，被称为"希腊第一勇士"。阿喀琉斯之踵，原指阿喀琉斯的脚跟，是他唯一的弱点。后来在特洛伊战争中被人射中致命，现在一般是指致命的弱点，要害。

并坚持其他人也一样。

8. 你睡眠不足。

9. 你有太多的事情要做，太多的事情要考虑，总是显得很匆忙。

10. 你总有一种想看你的智能手机的冲动，即使是在你知道自己在进行自我控制的时候也无法抗拒。

11. 你是男人，却有个女上司。

12. 你对大多数事情都是愤世嫉俗和消极的（有些人就是这样）。

有三种风险特别普遍。在前面章节，我已经提出过第一个风险，即如果你附近有坏家伙，你可能也会染上这个毛病，因为这样恶劣的行为具有传染性。第四章中特雷沃·福尔克和他的同事们的研究说明，粗鲁行为是如何像普通感冒一样传播的。他们跟踪的研究对象在 7 周时间内参与了 11 项模拟谈判，那些甚至只遇到一个粗鲁搭档的对象极易成为"病毒携带者"，在接下来的谈判过程中，也变得粗鲁（搭档已经换成了另一个）。想象一下，当你每天都被一群坏家伙包围时，这种效果是多么的强大。这就是为什么与坏家伙一起外出或一起工作的风险那么大的缘故。你可能发誓要抵制感染或改变你周围的人的行为，但当情况是你单挑许多坏家伙的时候，更常见的情况是你会变得更像他们，而不是相反的情况。人类天生会自动且不假思索地模仿你身边人的面部表情、声调和语言。而且，如果你被一群坏家伙包围，通常很难做到不反击他们。

我们已经看到，有一些人（特别是那些马基雅利主义者）理解不了别的任何事情。他们把你的友好和合作看作是软弱的表现，而不是作为应该归还的恩惠。最近本奈特·泰珀的研究也发现了一些线索：抵制粗鲁上级的员工——包括公开拒绝他们的命令和要求——心理会更健康。

特别是，如果你处在一个与电影《苍蝇王》类似的情景下，残忍、陷害和自私遍地都是，一个并非善类的保护层可能是你唯一的生存之道。一个项目经理写信告诉我，在他以前的工作场所里的情形是"恶人助长恶行"，高管们最青睐的下属，往往同他们一样傲慢，他们抨击更多低级雇员，并以他们的牺牲作为日常工作内容。这位经理承认："它把我内心的坏家伙引出来了"，他"因此频繁发怒，过于强硬、霸道"，因为"这似乎是唯一做好事情的方法"当然，日复一日的与坏家伙搏斗要付出可怕的代价（即使你表现得也像一个坏家伙也是一样）。"噩梦、压力和挫折"驱使这个经理辞职，换到了一家小公司。他的朋友和家人都注意到"我变得更善良、更冷静、更自信了"。

运用权力支配他人是第二大风险，你最终会开始视他人如尘土。来自加州大学伯克利分校的达彻尔·凯尔特纳教授在

20多年来，一直致力于研究运用权力支配他人的效果，结果不太好。凯尔特纳和其他心理学家发现，不管是你以前表现得多么善良、合作和富有同情心，权力会让人们失去对他人的同情心，更多地利用他人，更专注于他自身的需要而忽视其他人的需要，也会更粗鲁和不尊重人，表现得好像规则用不到他身上一样。

可以透露一点，凯尔特纳说，富人更容易产生这样不友好的倾向，因为，毕竟，富有就意味着你有很高的社会地位，有能力影响他人，获得更多你想要的东西，这是权力的要素。在一项研究中，凯尔特纳的学生注意到，伯克利的司机在一个繁忙的有重型汽车与行人的十字路口有不同表现。这些研究人员发现，那些开着最便宜的车的司机（例如，旧的道奇柯尔特车）在十字路口前面加塞的频率，只有同时期总数的10%，这些司机总是礼让行人。相比之下，那些开着最昂贵汽车的司机（例如，一辆新的梅赛德斯－奔驰）加塞的比例达到了约30%，不礼让行人的行为占到了同时期的近50%。

如果你想避免权力的毒害，生活中有个能讲真话、让你失望的人，是很必要的，就像我们在温斯顿·丘吉尔的妻子克莱门蒂娜和我的部门主任彼得·格林身上看到的一样。其他解毒剂包括练习谦卑，赞扬不那么有权的人，服从不那么有名或富有的人，帮他们的忙，表达感激之情。这是为了让别人能感觉更强大和受尊敬。应用本杰明·富兰克林效应，试着用这些方式表现自己：能帮助你把自己看得不"高于"同胞，还有意识地考虑别人的感受和需要（而不仅仅是你自己的）。

蒂姆·布朗是一家著名的创新公司 IDEO（艾迪欧公司）的首席执行官，他的做法可以解释说明这是如何做到的（完全披露：我是 IDEO 的会员，有时和他们的客户一起工作）。我在 2010 年"工作事务"博客中第一次披露，我去了 IDEO 在帕洛阿尔托的办公室一趟，走到了有许多高层领导工作的地方。当我转向角落时发现了蒂姆·布朗，他坐在大多数情况下都是前台接待员坐的地方。没有门卫前来阻止像我一样的随机访客走上前来打扰他。我以为这是哪里出错了，因为，上一次我来的时候，蒂姆在这一层的一间私人办公室工作。我问他为什么不在办公室里。蒂姆解释说，他放弃了办公室，搬到这个能使他成为"这层楼最公开的人"的地方。

蒂姆告诉我，大多数 IDEO 高级领导人也已搬出他们的办公室，这意味着如果你需要一次私密谈话，现在有许多小会议室可用（即，他们的旧办公室）。他补充说，当他 2005 年成为首席执行官时，他在公司漫长的职业生涯中第一次拥有了自己的办公室，这让他"有点尴尬和沮丧"。过了一会儿，他和其他人尝试了一种不同的方法，搬到外面的大空间来，随意交流更频繁，也减少了障碍。蒂姆强调他的工作是"了解人们和他们如何工作",而"坐在私人办公室里我学不了什么"。

蒂姆的故事并不是说每一位高级行政人员都应该搬出办公室,开放式办公室有许多弊端,尤其是当组织中充满了坏家伙时(没有墙的情况下很难躲避坏家伙),大声说话和打岔都不是问题,很少有地方可以去开会和进行私人谈话。而是说,找到减少你与他人之间"权力距离"的方法不仅减少压力,而且提高了他们的贡献,它改变了你看待自己的方式,也防止你变得像个自私的人。

当权力人士与其他人简单聊天时,他们明显也会努力减少不必要的权力差异。一位读者给我的信中有一张漂亮的插图,它发生在1971年,那时她是已故电影导演彼德·乌斯蒂诺夫执导的一部电影里的临时演员,但这次经历一直温暖着她的心灵:

"那天我碰巧有机会和他说话,但他首先问我:'你是谁?'(不仅仅是有点吓人)。我回答:'哦,不是什么人,我只是一个临时演员。'对我来说,他最可爱的回答是'年轻的姑娘!没有临时演员和观众,就没有电影!'我认为这是我从领导者那里听到的最优雅的言语了,从那以后,我就把这句话写在墙上了。"

　　过于忙碌是第三大风险。匆匆忙忙，有太多事要做的，太多事情让你分心，这有时可以令最文明的人变成恶行犯。克里斯蒂娜·波拉斯对来自不同行业数百名员工的调查发现，超过50%的人在工作中有过不文明行为。正如她2015年在《纽约时报》上写到的那样："超过一半的人声明那是因为他们太忙了，超过40%的人说他们没有时间友善。"当我和经理及主管们谈论过于忙碌时，会议是他们认定的最主要的罪魁祸首之一。如果你想要会议变得既短又有效，试试站起来开会，而不是坐着开会。有实验发现，站在一起开会的团队，与坐下来的团队相比，会议花费的时间要少34%，而其决定的质量没有受到影响。

　　最好干脆把会议取消。2013年，在Dropbox公司中兴起的"会议大决战"活动描述了该如何完成这一壮举。我是从我最喜欢的一个学生蕾贝卡·海因兹那里得知的，她为Dropbox工作，而我们更深入地研究了这个事件。蕾贝卡和我在INC上报道过，这个快速增长的文件共享和存储公司饱受过于忙碌之苦。人们疯狂地工作，脾气暴躁，睡眠不足，总是无法按时完成工作，这是一个恶性循环。问题部分因为是人们花费在会议上的时间越来越多，每次会议的人数激增。所以高管指示IT员工进入每个员工的在线日历，并删除所有即将到来的会议（与客户的除外）。IT部门还在这些日历上设置两周内不召开任何会议。

　　这一活动是通过一封发给 Dropbox 所有员工的电子邮件发布的，这封邮件的标题就标明了战斗口号："会议的末日已经来临了！"这种"会议减法"迫使员工思考他们对自己和他人施加的超负荷状况。当他们手动在他们的日历上重新输入每个即将召开的会议时，他们被要求考虑它们是否必要，以及它是否可以开得不那么频繁、不那么冗长、不需要那么多人参加。Dropbox 还介绍了相关削减超负荷工作的指导方针，包括每次会议 3-5 人的建议上限，及鼓励你走出任何你无须在场的会议。

　　对我们大多数人来说，多任务处理、电子邮件和智能手机都可能比不必要的会议更能造成负担过重。这些现代必需品和嗜好会导致我们变得简单粗暴，把别人当作透明人，对同事、朋友和家人不加留意，诱使我们过分关注脸书、推特、SNAP，Instagram、电子邮件及其他不可抗拒的诱惑。2016 年4 月，《每日科学》网站报道，"美国礼仪"调查了 1005 名成年人发现，几乎所有美国人（93%）都说美国礼仪是个问题，超过 50% 的人认为，互联网和社交媒体是主要原因（仅次于粗鲁的政客）。

　　说到克服这些电子诱惑，我们每个人都需要锻炼自我控制力，它有助于推动彼此关掉手机，并把它们放到一边。对自己严格实施规则要求。如果可能的话，对他人也严格，对于避免"智能手机注意力缺陷失调"是有帮助的。当克里斯·弗莱2014在推特担任工程主管时，他就曾感到不安：许多高级团队成员看智能手机太频繁了，对会议的沟通和礼貌程度都有极大威胁。克里斯同时也是一位认知心理学博士，他了解到许多研究都表明，智能手机会将我们变成工作表现不足和不关心他人的思想和感情的哑巴。因此，克里斯实施了一项政策，要求团队成员在会议期间将手机交给他的行政助理保管。一个团队成员甚至发了一个推特说："@chfry 规定手机必须在会议开始之前交由 @rjsanjose 保管"，同时还发了一张六部手机放在一张桌子上的照片。

5. 当你表现不佳，要道歉——但前提是你是真心的，然后改过。

践行"无恶棍规则"有时意味着，当你对待别人如尘土，你觉得必须道歉。精心准备的道歉有助于减少对方的伤害，修复你和他们以及你所冒犯的旁观者之间的关系，提高你的声誉，激起一些能让你从过错中吸取教训的反思。以下是做到这一点的方式：

2016 年 6 月，电影导演约翰·卡尼上了报纸头条，在社交媒体上因为轻视曾参演他 2014 年导演的电影《再次出发》

的女演员凯拉·奈特莉而被围攻。卡尼指责奈特莉身边带着一个随时随地都跟着她的随从，"所以真要做点什么事非常难"，还说她不会唱歌，还抱怨"我再也不会和超模一起拍电影了"。几天后，沙龙的网站报道，卡尼又发一条推特说："来自一个感觉自己像个十足白痴的导演"，还有一个完美的道歉：

我说了不少关于凯拉的坏话，这是卑鄙、渺小和伤人的行为。我为自己能说出这样的话，并且一直在试图解释我这么说是什么意思而感到羞愧。我试图在自己的工作中挑刺，结果以伤害其他人而告终。这不仅是糟糕的导演，这是拙劣的行为，我是无法引以为傲的。这是傲慢和无礼的。凯拉一直非常专业，为影片的成功认真付出，做出了巨大贡献……这是我永远不可辩解的。

这种道歉的诚意是显而易见的。但是利用对好和不好的道歉的区别研究，来理解其中的细微差别，是很有用的。俄亥俄州立大学的罗伊·赖文基及其同事们的研究表明，其中包含了友善和有效的道歉中最重要的元素。卡尼明确承认他犯错了，这是一个错误，他承担了全部责任。他没有使用那些经典的伤害她感情的错误道歉，比如像"如果我说的话让你感觉不好，我要说声对不起"。他承担起了说那些"卑鄙、渺小和伤人的"

话的责任。他的道歉中也含有赖文基的研究中发现的第二重要因素：卡尼尽力做了弥补，他首先私下向她道歉，然后在这个公共论坛上道歉，再赞赏了她的表现。

卡尼的道歉中还有另外三种有用的转变，根据研究，这是成功的道歉中不那么关键的因素：他表示歉意，试图解释为什么会发生（因为他对自己工作的不安全感），和忏悔，承诺自己会加以改进，表明这种事"永远也不会再有"。他的道歉中也缺少了点赖文基团队发现的最不重要的因素（尽管也一定是破坏性的），他没有要求原谅，我怀疑这是卡尼所希望的，但也认为最好不要要求自己得到原谅，因为这是凯拉的选择，而不是他应该索取或坚持要得到的。

尽管道歉很有用，但还是要做出两个警告。首先，如果你觉得某人对待你如尘土而要求他们向你道歉，这很少会成功。有很多坏家伙其实是茫然无知的，他们甚至会说，你才是那个应该道歉的人（也许这甚至也是正确的）。即使你吓唬他们让他们做出道歉，那也不大可能是真心的。

第二，如果你发现自己因为像一个坏家伙而一再道歉，就该停下了。这可能是你用道歉代替学习和缓和你的行为带来的影响的信号。其对受害者的作用会随着他们对一个冒犯——道歉——更多冒犯——更多道歉的循环感到厌倦而减少。这就是我在第四章中提到的那个博士研究生运用"放慢节奏方法"，减少与那位粗鲁的论文导师的接触频率时发生的事。这位博士研究生过了许久才发现这位导师的破坏性，因为在一系列的冒犯性质的邮件、电话和谈话后，导师会有一个"真心与鲜花"的阶段，看起来很懊悔，承诺会变得更好，请求她的原谅。她告诉我："他有时会通过电子邮件发给我非常个人化的关于我们'伟大关系'的诗歌，在我的语音信箱里留下动人的歌声，赞美我，甚至在会议中哭泣，说他担心我会让他和别人一起工作。"然后这位导师很快又回到他的粗暴方式。最终，学生看穿了"真心与鲜花"的废话，"学会了完全不回应任何非专业的东西"。她得出结论，不管这个导师自己有没有意识到这一点，他实际上是在用这套办法削弱她的防线，而这套防线在他重新回到那卑鄙和不尊重人的行事方式时对她非常必要。

6. 你是一个帮凶吗？

你不可能待别人如尘土，但你可能会成长为一个帮凶而助长麻烦问题，不管你自己是否意识到。帮凶使坏家伙更容易完成那些卑鄙勾当，并避免遭受他们破坏性行为的负面后果。"成功"坏家伙的一个标志就是他们招募、引诱或收买坏帮凶，清除他们遗留下的混乱，就像清洁工清理马戏团游行经过一个城镇后，留下的垃圾桶和垃圾。

彼得·弗罗斯特在《工作中的有毒情绪》中，将这些人物描述为"好警察／坏警察定义"的一部分。这通常开始于帮凶或"打手"意识到粗暴老板造成的痛苦需要得到控制，而老板意识到，帮凶在他的情绪暴风雨之后开始"人事工作"以缓解人们的怒火并收拾残局，让"事情会变得更顺利"。弗罗斯特描述了一个麻烦人物，他身边永远带着一位"首席中尉"，15年间，他无论担任哪种职务都带着他。比如，上司已经用愤怒的长篇大论怒骂过一番之后，这位帮凶"会在办公室间窜来窜去，解释上司的'真实'意见，并向人们保证，他并不像他看起来那样生气"。最具破坏性的帮凶也可以帮助防止有施虐者面对糟糕的自己：他们做出保证说，施虐者的行为是可以理解或可以接受的，受害者是罪有应得，或者也许这次真的打击到他们，"那不是你真正的样子"（即使他们一直都是这样）。

正如弗罗斯特所暗示的那样，如果你扮演这样的角色，你就是问题的一部分，而不是解决方案。虽然熟练的"打手"能为受害者和滥用者提供临时放松，但他们可以"帮助人们和组织年复一年继续制造痛苦，永无改进，他们事实上'掩盖'了痛苦的根源，对每个人都有害的人"。我与硅谷一家大公司的前二把手谈过，他承认他花了近10年的时间平息了无数被他那臭名昭著、喜怒无常、报复心重和不耐烦的CEO弄得烦躁不安的员工，并让他们冷静下来。他花了好几年的时间才意识到，他并不是CEO毒药的解毒剂，反而使事情变得更糟。

作为一个领导，如果你为破坏性的下属制造借口，并要求受到他们伤害的同事坚强一点，而不是履行职责，处理这些恶行，你也就是一个帮凶了。例如，我从一个读者那里听说，他刚刚被换到一个同事旁边，这家伙"口不择言、吵闹不休、好管闲事、专横无礼、自以为是、不学无术、高高在上、傲慢轻佻、肮脏不堪"。他说："在暴露她身边的 30 天内，我在医院被诊断患有十二指肠溃疡。"为了证明他的仇人是多么吵闹，这位读者买了分贝计测量了她的音量。他发给我的电子邮件里包括了"一张显示有 44.1 分贝的分贝计照片，而此时她甚至都不在办公室里"，"一张机器店里切割钢毂键槽的过程中显示 72.3 分贝"，还有一张他这位同事"正在打电话臭骂对方，85.8 分贝"。

当这位陷入困境的读者向他的上司抱怨并扬言要辞职时，他被告知："让她的声音一个耳朵进，一个耳朵出就行了。"这位读者已经是团队中第四个要求处理这个粗鲁的大嘴巴结果却得到如此建议的人了。他们每个人都得出结论，他们的上司或公司里的任何人都没有惩处、调走或开除这位糟糕同事的勇气。那个懦弱的上司是一个典型的帮凶。如果你身处管理层，如果你在面对有关粗鲁员工的抱怨和证据时，也只是告诉那些受害者要挺住而不促使问题的源头改变或甚至直接开除他，你也确实是问题的一部分，而不是解决方案。

7. 做一场时间旅行

在第五章中，我描述了人类做"心理时间旅行"的能力是如何减轻坏家伙造成的痛苦的，告诉你自己，让现在感觉这么糟糕的事物在结束后再回忆起来，根本就不算什么，这样很有帮助。这种同样巨大的力量也可以用来帮助你执行无恶棍法则。正如在本章开头提到的那位读者所说："没有人会在临死的时候说：'我希望我生前更刻薄一点。'"这句话令我回忆起一位曾写信给我的联邦调查局前特工，他说他是"一个正在康复的坏家伙"，就像康复中的酒鬼一样，这是他需要"一次斗争一整天"的。他为他过去的不良行为感到羞愧。后来，当他回顾自己的生活时，他想要为自己的康复治疗开始后的待人方式感到自豪。这种对生活的盼望有助于他日复一日地用更文明的方式对待周围的人。

这种想象中的时间旅行可以激发人们内心最优秀的自己，冻结最差的自己，也是我最喜欢的处理方式。它需要根据你希望未来回忆时的感受来决定今天做什么。你可以想象每天的生活都在继续，假装这是一天，一周，一个月，或者一年后，是很有用的，假装你为自己如何对待他人、如何做出应对而感到自豪。想想你所做的事情的细微差别。当你面对贬低你的人，你为保护自己做了什么？你是如何平息他们的敌意并发起反击的？你采取什么行动来尊重和尊重他人？

所以从想象中的未来看待当下，这可以帮助你现在做正确的事情。

计划和豪猪

先提出一个想法：关键在于你自己，而你并不孤单。

这两个相互交织的想法，构成了如何处理任何特定坏家伙问题的提要，同时也揭示了为什么这些问题是人类社会不可避免的一部分，以及我们怎么才能避免因各种压力和诱惑将彼此逼疯。

如果你感到被压抑、不受尊重、被贬低或无精打采，创造、实现和完善计划的关键都在你自己身上。这里各种故事、研究和方法都为你制定自己的生存策略提供了素材（毕竟，没有一个能一劳永逸解决所有问题的解决方案）。意识到你并不孤单，转而求助从其他受害者到朋友和家人的支持和智慧，你就获得了更多机会，可以在艰难的日子里建立更好的计划，以尊严和优雅的姿态闯过困难的日子，并从此成为一个更强大的人。

"这取决于我"和"我并不孤单"，也反映出一开始制造坏家伙问题的敌对力量。我们负责照顾自己，与此同时，我们也需要其他人情感和实质上的支持，其他人同样需要我们的支持。一路上，有时我们向他们要求太多，他们向我们索取太多，我们互相伤害对方的精神。我们的共同挑战是，在互不伤害的情况下，从彼此那里得到我们需要的东西。

哈佛大学生物学家爱德华·威尔森讲述了从他的同事保罗·莱豪森那里听来的一个有趣的德国寓言故事。这个故事抓住了这些紧张关系和人们团结一致处理这些紧张关系的本质。这是关于一群豪猪在一个寒冷的夜晚聚在一起取暖的故事。但当它们蜷缩在一起时，它们的刺会戳到彼此。所以它们分开，但又太冷了。莱豪森总结说："在反复调整的过程中，它们终于找到了一个能让它们在不戳到彼此的情况下，还能获得舒适温暖的距离。这个距离随后被称之为礼仪和礼貌。"

那些豪猪都和人很相似。如果我们每个人都能够把自己保持在能不伤害别人和自己却又能尽量分享温暖的位置，这个星球上就会有更多的充满礼仪和礼貌的空间，恶行就会少得多。

致谢

在我写这本书的一年左右的时间里，当人们问我在忙什么时，我经常开玩笑说："我想在我的车库里用打字来摆脱孤独的禁锢。"这个答案半真半假。这是真的，因为我在我的车库里完成了本书，唯一的逃避办法就是完成这件事；就像任何作家都会告诉你的，任何一本书都需要长时间的单独专注才能完成。但那个笑话是具有误导性的，因为这意味着这本书是一个人的努力。没有那么多有才华、有耐心和无私的同事、朋友和家人的那么多的帮助（和容忍我的许多怪癖），写完这本书将是不可能的。

有两个关键人物对本书的著成起着非常重要的作用。多伦多大学的凯蒂·德塞莱斯教授在 2015-2016 学年期间参观了斯坦福大学，本书的很多灵感都来自她的研究、其他学者进行的研究以及她的创造力和常识。在我开始写这本书，以及后来在我动力减退的节点，她都会鼓励我。第二关键人物是迈克尔·迪林，他是一位风投企业家，也是多年来和我一起在斯坦福大学教授创意课程的前高级行政人员。在过去至今的近10年时间里，迈克尔一直推动我（有时是吵闹着要我）写这本书。他认为我的读者需要更深入地了解如何处理麻烦问题的建议，而这是我欠他们的。而且，鉴于迈克尔强大的销售和营销背景，他督促我写这本书来加强我对"特许"的要求。

我要感谢斯坦福大学的同事史蒂夫·巴克利、汤姆·拜尔斯、彼得·格林、大卫·凯利、奇普·希思、帕姆·海因兹、佩里·克雷巴恩、哈吉·拉奥、伯尼·罗斯、凯瑟琳·塞戈维亚、梅丽萨·杰里米·乌特利和梅丽萨·瓦伦蒂娜，感谢他们充满多样性和挑战性的建议和见解。一如既往，我要感谢杰夫·普费弗。像往常一样，他不同意我的一些结论和建议，并且迫使我更深入地思考我的想法。我也很欣赏来自斯坦福大学之外其他学者和作者的想法和鼓励，包括迈克尔·安特比、埃里克·巴克尔、拉斯洛·博克、亚当·格兰特、本奈特·泰珀、丹·平克、克里斯蒂娜·波拉斯。斯坦福大学有一支熟练和耐心的职员队伍，在过去的两年左右时间里，不断地把我从我自己造成的麻烦中拯救出来，包括洛里·科特尔、蒂姆·基利、保罗·马尔卡、玛丽琳·罗斯、罗尼·西洛、丹尼尔·史特西，尤其是马特·哈维。斯坦福大学曾经的学生狄安娜·巴蒂扎得甘、萨利·巴隆、蕾贝卡·海因兹和华金·本迪克斯·里昂都一直对本书中的研究提供帮助。

感谢成千上万给我发过电子邮件讲述他们故事的人，还有那些通过面对面、电话或社交媒体讲述此类故事的人。虽然我不能说出你们大多数人的名字，但你们的问题、建议、痛苦、欢乐和幽默激励着我去写这本书，并以数以百计的方式塑造它。我还要感谢那些我能写出他们名字来的提供帮助者，感谢他们提供的故事和建议，这其中包括 IDEO 的蒂姆·布朗、皮克斯的艾德·卡姆尔，Salesforce 和推特高管克里斯·弗莱、推特高管史蒂夫·格林、菲尔兹咖啡的 CEO 雅克布·雅伯尔、Billions 研究所的贝基·马吉奥塔（她提供了西点军校学员的故事）、网飞（Netflix）前高管和哪里都去的耿直的帕蒂·麦克德、贝雅的保罗·柏塞尔、捷蓝航空的伯尼·西米，以及《华尔街日报》的杰森·茨威格。

克里斯蒂·弗莱彻是我执着、智慧和永远支持我的文学经纪人。克里斯蒂不仅给我以鼓励、建议、对提案的熟练编辑，并替我把这本书卖给合适的编辑和出版商。当我在一些小问题上过分逼迫编辑或出版商时，她很擅长给我坦率的反馈。我要感谢弗莱彻公司的技术团队，包括希拉里·布莱克、梅利莎·秦齐略、萨拉·富恩特斯、维罗妮卡·戈尔德斯特恩、塞尔维·格林贝里和艾琳·麦克法登，感谢他们的多方努力，才使得这本书以及我的其他书得以顺利出版。

写这本书最好玩的部分是与里克·沃尔夫合作，他也参与我其他书的编辑，所以我们很了解对方。和里克一起工作是一种乐趣，他毫无保留地支持和鼓励我，了解我的弱点和如何抑制这些弱点，特别是擅长修改我那些有歧义和夸张的文本，却不夸大含义或歪曲观点和证据。我很高兴里克和布鲁斯·尼克尔斯一起加入了霍顿·米夫林·哈考特出版公司（HMH）；布鲁斯对本书有着同样的支持力度。我也很高兴能和布鲁斯重聚，在担任 2001 年我的第一本独立创作的作品的编辑工作时，他的表现非常优秀。感谢罗斯玛丽·麦吉尼斯指导本书通过 HMH 神秘的审查制度。感谢克里斯托弗·塞尔吉奥设计封面，感谢布莱恩·摩尔和贾斯汀·加蒙一直以来的支持和投入。

最后，这本书献给我的三个孩子：伊芙、克莱尔和泰勒。他们现在像年轻的成人一样，告诉了我许多令人鼓舞的、有趣的或可怕的故事，关于他们和遇到的难相处和难以忍受的家伙周旋——有时还是战斗——的故事。我对你们的爱和感谢，无法用言语表达。我还要感谢我的妻子玛丽娜，她的耐心、智慧、坦率和爱使伊芙、克莱尔、泰勒、我和其他许多人每天的生活更加美好。玛丽娜对她一生中遇到的每一个人都富有爱心，在我们一起走过许多岁月后，她的爱心仍十分触动我。